매듭짓기

세파에 꺾이지 않는 진리의 매듭을 지닌 크리스천

믿음이란
한 알의 밀알이 땅에 떨어져 죽음으로 많은 열매를 맺음과 같이
진리의 열매를 위하여 스스로 죽는 것을 뜻합니다.
눈으로 볼 수는 없으나 영원히 살아 있는 진리와
목숨을 맞바꾸는 자들을 우리는 믿는 이라고 부릅니다.
「믿음의 글들」은 평생, 혹은 가장 귀한 순간에
진리를 위하여 죽거나 죽기를 결단하는
참 믿는 이들의, 참 믿는 이들을 위한, 참 믿음의 글들입니다.

세파에 꺾이지 않는 진리의 매듭을 지닌 크리스천

매듭
짓기

이재철

책을 열며

줄기가 굵지 않은 대나무가 강한 것은, 다른 나무와는 달리 일정한 간격을 두고 매듭을 지을 줄 알기 때문이다. 대나무의 강함은 높이가 아니라 매듭에서 비롯되는 것이다. 만약 매듭을 결여한 대나무가 있다면 그것은 조금 크고 굵은 갈대에 지나지 않을 것이다. 부드러운 갈대는 꺾이는 법이 없지만, 매듭 없는 대나무는 약간의 폭풍에도 쉬 꺾여지고 말 것이다.

믿음의 삶도 이와 같다. 건강한 크리스천은 진리의 매듭을 지닌 자다. 진리의 매듭을 지니지 못한 자에게 세월의 흐름이란 쇠퇴와 소멸을 의미할 뿐이다. 그러나 진리의 매듭을 지닌 자에게 세월의 흐름은, 겉사람은 후패하나 속사람은 날로 강건해지는 하나님의 은총이다. 따라서 아무리 신앙생활에 열심이어도 진리의 매듭을 맺지 못한 자는, 마치 매듭 없이 키만 큰 대나무와 같아 조그만 풍파에도 넘어지고 만다. 믿음의 진정성이 안락함이 아닌 인생의 비바람 속에서 드러나는 법이라면, 매듭 없는 믿음은 믿음의 겉모양만 지녔을 뿐 내용마저 참될 수는 없다.

코끝에 호흡이 있는 동안 언제 어디서나 진정한 믿음의 소유자, 어떤 경우에도 흔들림 없는 강인한 크리스천으로 살아가기 원하는 분들을 위해 주님께 이 책을 바친다. 주님께서 이 책을 도구 삼아 그분들의 삶 속에 필요한 진리의 매듭들을 맺어 주시기를 간절히 기도드리며…….

2005년 3월 7일

차례

경영의 매듭

인생의 매듭

책을 닫으며

사생의 매듭

조금 있으면 너희가 나를 보지 못하겠고 또 조금 있으면 나를 보리라(요 16:16).

1
현실, 그리고 질문

2004년 5월 26일은 불기 2548년 '부처님 오신 날'이었다. 이를 기리기 위한 봉축 법요식이 전국 주요 사찰에서 거행되었고, 서울 조계사에서 열린 봉축 법요식은 TV로 생중계되었다. 헌화 순서가 되자 열린우리당 신기남 의장, 한나라당 박근혜 대표, 민주노동당 권영길 대표, 민주당 한화갑 대표 순으로 단에 헌화하였다. 그 한 달여 전에 실시되었던 4·15총선으로 달라진 각 당의 위상과 대표의 의전 순서가 두드러져 보였다. 계속하여 이창동 문화부장관, 이명박 서울시장, 리빈 중국대사, 낀떼로 베네수엘라대사, 전국 신도회 회장 등의 헌촉, 헌등, 헌다에 이어 불자대상 시상식이 있었다. 영광의 수상자는 두 사람이었다. 첫 번째 수상자는 세계 최초로 사람의 난자를 이용하여 배아줄기세포 배양에 성공, 세계적인 과학자의 반열에 오른 서울대 수의학과 황우석

교수였다. 그리고 역시 세계적으로 명성을 떨치고 있는 프로골프 선수 박세리 양이 또 다른 수상자였다. 그 후 조계종 총무원장 법장 스님의 봉축사가 이어졌지만 왠지 공허하기 짝이 없었다. 온통 세상에서 권세를 누리거나 출세한 자를 위한 이벤트뿐인 그날의 행사는, 불교가 사부대중을 위한 부처님의 가르침에서 벗어나 얼마나 속화되고 진부해졌는지를 스스로 입증해 주고 있었다.

그즈음 이덕일 한가람역사문화연구소장이 《정약용과 그의 형제들》이란 책을 펴냈다. 책 내용 중 눈길을 끄는 부분은 정씨 형제들에 대한 한국 천주교의 태도다. 《목민심서》의 저자로 널리 알려진 다산 정약용은 한때 천주교 신자였다. 그러나 그는 '동부승지를 사양하는 상소문'을 통해 자신이 더 이상 천주교 신자가 아님을 자신의 손으로 분명하게 밝혔다. 반면 그의 셋째 형인 정약종은 끝까지 신앙을 지키기 위해 서소문 밖에서 참수형을 당해 순교하였다. 형장에서 정약종은 다른 사형수들과는 달리, 땅을 굽어보며 죽기보다 하나님 계신 하늘을 우러러 죽겠다며 고개를 치켜들고 최후를 맞았다. 정약종의 그 기개에 질린 사형집행인 망나니가 처음에는 헛칼질을 했던 것으로 전해지고 있다. 그는 신앙의 절개를 지키기 위해 죽음마저 전혀 두려워하지 않았던 것이다. 그러나 오늘날 한국 천주교는 순교자 정약종보다 배교자 정약용을 더 위대한 천주교인으로 내세우고 있다. 우리 역사에서 정약용이 차지하고 있는 비중이 정약종에 비해 훨씬 크기 때문이다. 한마디로 한국 천주교는 순교자 정약종의 신앙심보다 배교자 정약용의 세속적 명성을 더 높이 평가하고 있는 셈이다. 이에 대한 저자의 비판은 깊이 새겨들어야 할 지적임에 틀림없다.

　그로부터 얼마 지나지 않아, 잘 알려진 어느 교회 장로님으로부터 전자우편(e-mail)을 받았다. 교회 문제로 인해 목회자로부터 받은 상처에 관한 내용이었는데, 관련 부분을 그분의 허락 하에 게재한다.

　　이 일을 겪으면서 자꾸 소화불량과 통증이 있어 위 내시경검사를 해 보았습니다. 위벽에 마치 날카로운 손톱으로 할퀸 것과 같은 생채기가 두 줄이 나 있어 피가 고인 상태로 아물지 않고 있다는 결과가 나왔습니다. 의사 선생님은 제가 무슨 독한 약을 복용했었거나, 또는 극심하게 신경 쓰는 일이 있는지를 물었습니다. 저는 약을 복용한 적은 없다고 답변을 했지요. 그러자 독실한 불교 신자라는 그 의사가 제게 충고했습니다. '선생님, 종교를 한번 가져 보시지요.' 그 말을 들은 저와 제 아내는 참담한 심정으로 그 방을 나왔습니다. 이게 무슨 망신입니까? 하나님께 얼마나 부끄러웠는지 모릅니다.

　의사 보기에 그 상처가 얼마나 깊었으면, 평생 크리스천으로 살아온 그분더러 종교에 귀의할 것을 권했겠는가? 자기 환자의 그 깊은 내적 상처가 종교로 인함임을 상상치도 못한 채 말이다. 그런데 그 교회의 목사님은 바로 그 장로님과의 갈등으로 인해 심장부정맥으로 고통당하고 있다. 나는 그 장로님과 목사님 두 분을 모두 개인적으로 잘 알고 있다. 두 분 다 나무랄 데 없이 인격적이고 모범적인 삶을 사는 분들이다. 그런데도 그들은 목사와 장로의 신분으로 서로 이해하고 존중하기보다는, 자신들이 의식지도 못하는 가운데 이렇듯 상대의 생명을 서로 해치고 있다. 이것은 비단 특정 교회만의 이야기가 아니다. 대부분의 교회가 목사와 장로간의 갈등으로 내홍을 겪고 있다. 참으로 가슴 아픈 현실이 아닐 수 없다.

이상 열거한 세 가지 예는 본질을 상실한 종교의 허황함과 무용성 및 해악성을 깨닫게 해 줄 뿐만 아니라, 주님의 말씀 앞에서 주님을 믿는다는 우리 자신에 대해 본질적인 질문을 스스로 제기케 한다.

내가 진실로 진실로 네게 이르노니 젊어서는 네가 스스로 띠 띠고 원하는 곳으로 다녔거니와 늙어서는 네 팔을 벌리리니 남이 네게 띠 띠우고 원치 아니하는 곳으로 데려가리라(요 21:18).

이것은 사복음서의 마지막 장인 요한복음 21장을 통한 주님의 말씀으로 참된 신앙이란 자기중심의 삶을 포기, 두 손을 들어 자기 삶의 축을 완전히 주님께 의탁하는 것임을 일깨워 주고 있다. 그런데 과연 우리의 현실은 어떤가? 도리어 우리 자신이 우리의 욕망을 위해 주님을 이리저리 끌고 다니려 하지 않는가?

여러분은 분명히 그리스도께서 보내신 편지입니다. 우리는 이것을 작성하는 데 봉사하였습니다. 이것은 먹물로 쓴 것이 아니라, 살아 계신 하나님의 영으로 쓴 것이요, 돌판에 쓴 것이 아니라, 사람의 마음에 쓴 것입니다(고후 3:3/표준새번역).

크리스천은 그 삶 자체가 그리스도의 생명과 사랑 그리고 진리를 세상에 보여 주는 '그리스도의 편지', '그리스도의 친서'가 되어야 한다. 고린도후서 2장 15절은 크리스천을 '그리스도의 향기'라고도 정의하고 있다. 요즈음은 얼마나 조화를 잘 만드는지 언뜻 생화와 조화를 구별하기가 쉽지 않다. 그러나 아무리 겉모양이 판에 박은 듯 똑같아 보여도 근본적인 차이가 있다. 생화만 향기를 지니고 있다는 것이다. 우리는 진정 그리스도의 편지, 그리스도의 향기라 불리기에 합당한 삶을 살고 있는가? 오히려 더러운 야욕의 악취를 풍기며, 바르게 살려는 사람마저 실족시키는 걸림돌인 것은 아닌가?

그런즉 누구든지 그리스도 안에 있으면 새로운 피조물이라 이전 것은 지나갔으니 보라 새것이 되었도다(고후 5:17).

우리의 옛 삶은 사라지고 우리는 정녕 새로운 피조물로 존재하는가? 개가 그 토한 것을 도로 먹는 것같이 미련한 자는 그 미련한 것을 거듭 행한다(잠 26:11)는 성경의 지적처럼, 백해무익하다고 이미 토해 내었던 것들을 새삼스레 되씹고 있는 것은 아닌가?

그러므로 누구든지 나의 이 말을 듣고 행하는 자는 그 집을 반석 위에 지은 지혜로운 사람 같으리니 비가 내리고 창수가 나고

바람이 불어 그 집에 부딪히되 무너지지 아니하나니 이는 주초
를 반석 위에 놓은 연고요(마 7:24-25).

우리의 인생이 반석 위에 세워진 집은 고사하고 실은 매일매일 허물
어져 내리고 있는 집은 아닌가? 주님께서는 '누구든지 나의 이 말을 듣
고 행하는 자'가 자신의 인생을 반석 위에 세운다고 말씀하셨다. 그렇
다면 결국 우리는 주님의 말씀을 듣지도 행하지도 않는 것이 아닌가?
더욱이 주님께서는 다음과 같이 단언하셨다.

하나님께 속한 자는 하나님의 말씀을 듣나니 너희가 듣지 아니
함은 하나님께 속하지 아니하였음이로다(요 8:47).

누군가가 '저 아이는 참 말을 잘 들어'라고 말한다면, 그것은 그 아이
의 청력에 대한 칭찬이 아니라 자신이 말한 대로 잘 행한다는 의미다.
주님께서는 하나님께 속한 자는 응당 하나님의 말씀을 듣는 자요, 하나
님의 말씀을 듣지 않는 자는 그가 하나님께 속하지 않았기 때문이라고
단정하셨다. 여기에서도 '들음'이 '행함'을 뜻함은 물론이다. 우리는
모두 하나님께 속한 크리스천이라고 스스로 고백하는 자가 아닌가? 그
런데도 왜 우리는 위에서 살펴본 것처럼 하나님의 말씀을 귀로만 들을
뿐, 삶으로는 들으려 하지 않는가? 도대체 어디에서 무엇이 잘못되었
기에 이런 결과가 초래되었는가? 이 질문에 대한 해답을 바르게 이해
하기 위해서는 성경의 첫머리인 창세기로 되돌아가 보아야 한다.

2
죽음, 그리고 삶

창세기 1장의 내용은 우리가 잘 아는 바와 같이 하나님의 천지창조다. 2장은 하나님께서 사람을 창조하신 구체적인 설명과 사람을 위한 에덴동산의 창설을 밝혀 주고 있다. 3장은 인간의 범죄장이다. 선악과를 먹지 말라는 하나님의 말씀을 인간은 귀로만 들었을 뿐 삶으로는 듣지 않았다. 그 결과는 실낙원, 에덴동산의 상실이었다. 4장에는 낙원을 잃은 인간의 삶이 소개되고 있다. 인간들은 스스로 하나님께 속한 자라여기며 하나님께 제사를 드리기도 했다. 그러나 하나님께 속한 자답게 하나님의 말씀을 좇아 살지는 않았다. 동생이 마음에 들지 않는다고 쳐죽여 버리는가 하면, 동생을 찾으시는 하나님을 향해 자신은 모르는 일이라며 시치미를 떼기도 했다. 하나님께 속했다는 자의식은 지니고 있었지만, 그렇다고 인간이 하나님의 말씀을 좇아 살기 위해 자신의 인격을 다해 스스로 하나님을 찾은 적은 없었다. 그러던 인간이 갑자기 온 마음을 다해 자발적으로 하나님을 찾기 시작했다. 창세기 4장 25-26절은 그 까닭을 다음과 같이 밝혀 주고 있다.

> 아담이 다시 아내와 동침하매 그가 아들을 낳아 그 이름을 셋이라 하였으니 이는 하나님이 내게 가인의 죽인 아벨 대신에 다른 씨를 주셨다 함이며 셋도 아들을 낳고 그 이름을 에노스라 하였으며 그때에 사람들이 비로소 여호와의 이름을 불렀더라.

가인이 죽인 아벨 대신에 태어난 셋이 장성한 뒤 아들을 낳자 '에노스'라 이름 지었다. 그리고 그때부터 인간들이 비로소 여호와의 이름을 자발적으로 부르기 시작했다. 왜 그때부터였을까? 자식의 이름은 그 이름을 지어 주는 부모의 신앙고백인 경우가 대부분이다. '에노스'는 사람의 이름이기도 하지만 히브리어 보통명사이기도 한데, 그 의미가 '죽을 수밖에 없는 존재'이다. 죄를 범한 인간에게 하나님께서는 그 대가로 분명 사망을 예고하셨지만(창 3:19), 인간은 하나님의 그 말씀에 귀 기울이지 않았다. 인간에게 죽음이란 자신과는 전혀 무관한 남의 이야기일 뿐이었다. 그러다가 셋 시대에 이르러서야 인간은 비로소 자신이 '에노스', 즉 '죽을 수밖에 없는 존재'임을 뒤늦게 통감하였다. 그래서 인간이 자기 죽음을 자각한 이후 창세기 5장에 처음으로 등장하는 인간 족보의 내용은 다음과 같다.

아담이 셋을 낳은 후 800년을 지내며 자녀를 낳았으며 그가 930세를 향수하고 **죽었더라** 셋은 105세에 에노스를 낳았고 에노스를 낳은 후 807년을 지내며 자녀를 낳았으며 그가 912세를 향수하고 **죽었더라** 에노스는 90세에 게난을 낳았고 게난을 낳은 후 815년을 지내며 자녀를 낳았으며 그가 905세를 향수하고 **죽었더라**……(창 5:4 이하, **강조체**는 저자 표기).

이 족보의 강조점은 '죽었다'는 것이다. 5장 20절까지 계속된 이 족보에서 '죽었다'는 단어는 무려 여덟 번이나 반복되고 있다. 이처럼 성경에 가장 먼저 등장하는 족보는 '죽음의 족보'다. 인간이 몇 년을 살든, 모든 인간은 반드시 죽게 마련인 '에노스'라는 것이다. 이 사실을 통감하고서야 인간은 비로소 여호와의 이름을 자발적으로 불렀다. 여기에서 불렀다는 것은 사람의 이름을 호칭하듯 한번 불러 보았다는 말이 아니다. 히브리어 '카라'는 '초대한다'는 의미도 지니고 있다. 자기 죽음을 통감한 인간이 그제야 여호와 하나님을 자기 인생의 주인으로 모셔 들이고, 하나님의 말씀을 비로소 좇기 시작한 것이다. 왜 그랬을까? 자신이 '에노스'임을 자각한 이상 생명의 근원이신 하나님 이외에는 자기 죽음의 문제를 해결할 길이 없음을 깨달았기 때문이다.

우리는 이와 같은 창세기의 첫머리에서 귀중한 메시지를 얻게 된다. 자신이 '에노스'임을, 즉 자신의 죽음을 인식한 자만 하나님을 인격적으로 만나 하나님의 말씀을 좇아 산다는 것이다. 그렇다면 우리가 하나님께 속한 크리스천임을 자처하면서도, 하나님의 말씀을 귀로 듣기만 할 뿐 삶으로 들으려 하지는 않는 이유를 이제 분명하게 포착할 수 있다. 우리 자신이 '에노스'임을 아직 절감하지 못한 채, 마치 자신만은 천년만년 살 것 같은 착각 속에 빠져 있기 때문이다.

인간의 관심은 언제나 '생'(生), 즉 '사는 것'이다. '생사 확인' '생사기로' '생사고락' '생사를 같이한 전우' '생사가 걸린 문제' 등의 예에서 보듯, 일차적인 관심이 항상 '생'이기에 '사(死)' ─죽음은 항상 뒷전으로 밀려나 있다. 그래서 대부분의 사람들이 정신을 차릴 틈도 없이 매일 바쁘게 살고 있지만, 실은 의미 없이 하루하루 죽어 가고 있다. 죽음이 배제된 삶의 토대란 물거품처럼 허망한 욕망에 지나지 않는다. 칠판의 바탕색과 분필의 색이 선명한 대조를 이룰 때만 칠판 위에 씌어진 글이 두드러져 보이는 것처럼, 삶은 삶과 대조를 이루는 죽음과 짝을 이룰 때에만 참된 의미의 생으로 구축될 수 있다.

오래 전 외국에 있는 목사님으로부터 받은 편지 속에 한 의대생의 글이 첨부되어 있었는데, 그 내용이 사뭇 의미심장하였다.

새 학기가 시작되고 해부학 첫 실험 시간에 해부실로 들어갔다. 해부도구와 수술용 고무장갑 그리고 비닐로 된 앞치마에 흰 실험복까지 갖춰 입고 실험실의 문을 여니, 거기에는 실험대마다 한 구씩 모두 32구의 시체가 놓여 있었다. 시체의 피부를 벗기는 것이 첫 해부학 실험 시간의 과제였는데, 그 작업을 하는 동안 그것이 단지 시체일 뿐 사람이라는 생각이 전혀 들지 않았다. 아주 정교하게 만들어진 인공 모형 배를 가르고 있는 듯한 느낌이었다. 그런 착각과 함께 나의 뇌리를 스치며 지나가는 생각들이 있었다.

그래, 이 사람들도 살아 있었을 때에는 모두 자기 자신이 세상에서 가장 잘났다고 생각하며 살았겠지. 돈도 있었고, 명예도 있었고, 사랑도 있었고, 또 죄를 짓고자 하는 사악한 마음도 있었겠지. 그런데 이제 그들은 자신의 머리털조차 다 깎인 채 실험대에 누워 있다. 부끄러움도 없이 발가벗긴 채로 말이다. 이제는 옷이 아니라 피부가 벗겨지고, 근육이 잘리고, 내장이 도려내지고, 뼈가 추려지고 있다. 그것도 이제 막 공부를 시작한 신출내기 의사지망생에 의해서 말이다. 이 아주머니의 얼굴에 평생 동안 발라졌던 화장품은 얼마어치나 되었을까? 저 아저씨는 저 손으로 얼마나 많은 돈을 만졌으며 그것으로부터 얼마만큼의 만족을 얻었을까?

그 순간 갑자기 이런 질문이 떠올랐다. 지금의 나 자신과 이 시체들 사이에는 도대체 무슨 차이가 있는가? 그것은 참으로 대답하기 어려운 질문이었다. 굳이 차이점을 찾는다면 그들은 죽었고 나는 살아 있다는 것이다. 그렇다면 나는 지금 대체 무엇을 위해 살고 있단 말인가?

이 의대생은 시체해부 실습을 하며, 실험대에 누워 있는 시체와 자신 사이에 실제로는 아무런 차이가 없음을 절감하였다. 자신의 칼에 의해 도려내지는 시체를 통해 언젠가 시체로 드러누울 자신을 본 것이다. 한마디로 자기 죽음의 인식이었다. 그와 동시에 그는 자신의 실존에 대해 스스로 질문을 던지지 않을 수 없었다. '나는 지금 대체 무엇을 위해 살고 있단 말인가?' 만약 이 청년이 시체해부실에서 자신의 죽음을 절실하게 깨닫지 못했던들 제기할 필요조차 느끼지 못했을 질문임에 틀림없다. 그러나 그는 젊은 나이임에도 자신의 죽음(死)을 통감하였고, 그 죽음의 바탕 위에서 생(生)에 대해 비로소 진지하게 생각하게 되었다. 이 청년이 자신의 죽음과 생을 짝을 이루어, 죽음의 바탕 위에서 생을 추구해 가는 한 그의 인생이 참되게 구축될 것임은 의심의 여지가 없다.

그러므로 바른 삶을 영위하기 원하는 자에게 가장 먼저 필요한 것은 생사(生死)의 매듭이 아니라 사생(死生)의 매듭이다. 죽음의 바탕 위에서만 생은 생으로서의 진정한 의미를 드러내기 때문이다. 이것이 구약성경 전도서가 다음과 같이 증언하는 까닭이다.

> 지혜로운 사람의 마음은 초상집에 가 있고 어리석은 사람의 마음은 잔칫집에 가 있다(전 7:4/표준새번역).

왜 성경은 자기 마음을 잔칫집에 두는 자를 어리석다고 하는가? 잔칫집이란 언제나 흥겹게 마련이고, 마음껏 먹고 마시는 곳이다. 어리석은 자의 인생은 그처럼 자기 기분과 욕구만을 좇아 살다가, 어느 날 느닷없이 찾아온 죽음과 더불어 의미 없이 사라져 버리고 만다. 열심히 사는 것 같지만 매일 덧없이 죽어 가는 것이다.

왜 지혜로운 자의 마음은 초상집에 가 있는가? 그는 매일 하루하루가 자기 죽음의 날일 수 있다는 자각 속에서 살아가기에, 그 죽음의 바탕 위에서 참된 삶을 추구하지 않을 수 없다. 다시 말해 죽음의 매듭을 바르게 맺었기에 그 매듭을 발판 삼아 참된 의미의 생이 자리 잡게 되는 것이다. 마치 대나무의 매듭 위에 새로운 줄기가 터를 잡는 것처럼 말이다.

3
죽음이 임하면

이 땅에 태어난 사람치고 죽지 않는 사람은 없다. 오죽하면 인간의
출생을 가리켜 죽음을 향한 제1보라고 하겠는가? 모두에게 찾아오는
죽음은, 그러나 결코 멀리 있지 않다. 근대한국불교의 대선사인 경허
(鏡虛) 스님의 '무비공'(無鼻孔) 깨달음은 유명하다. '무비공'이란 문자
그대로 '콧구멍이 없다'는 뜻이다. 산 자와 죽은 자의 경계가 어디인
가? 바로 콧구멍이다. 콧구멍으로 숨을 쉴 수 있으면 살아 있는 것이요,
콧구멍으로 내뱉은 숨을 다시 들이키지 못하면 죽은 것이다. 겉으로는
멀쩡해 보여도 콧구멍이 없다면, 다시 말해 숨을 쉴 콧구멍이 더 이상
없다면 그는 죽은 것이다. 경허 스님이 이것을 깨닫기 2천5백 년 전에
이사야 선지자는 똑같은 내용을 설파하였다.

너희는 인생을 의지하지 말라 그의 호흡은 코에 있나니 수에 칠 가치가 어디 있느뇨(사 2:22).

인생은 거창한 것이 아니다. 죽음도, 생명도, 모두 코끝에 달려 있다. 이 세상의 모든 인간은 실은 자기 코끝에 죽음을 매달고 있다. 죽음은 이렇듯 가까이에 있다. 그렇다면 적어도 한 번쯤은 죽음에 대해 진지하게 생각해 보아야 하지 않겠는가? 죽음을 코끝에 매달고 있으면서도, 마치 천년만년 살 것 같은 착각 속에서 하루하루 무의미하게 죽어 가는 인생보다 더 안타까운 일은 없다. 지금이라도 나의 코끝에서 호흡이 멎어 버리면, 그래서 내게 죽음이 실체를 드러내기 시작하면, 이미 죽어 버린 나에게는 대체 무슨 일이 구체적으로 일어나는가?

나의 호흡이 코끝에서 사라짐과 동시에 무엇보다 먼저 나에 대한 사람들의 호칭이 바뀌어 버린다. 비록 내가 의식불명인 상태로 중환자실에 누워 있을지언정 호흡이 있는 만큼 나는 변함없이 사람으로 불린다. 그러나 호흡이 멎는 즉각 나에 대한 호칭은 '시체'로 바뀐다. 1초 전까지는 분명 사람이었지만 순식간에 시체로 전락하는 것이다.

사람과 시체의 차이가 무엇인지 아는가? 사람과는 달리 시체는 격리의 대상이라는 것이다. 비록 중환자라 할지라도 호흡이 있는 동안 나는, 나의 가족에게 더불어 살아야 할 대상이다. 그러나 내가 시체가 되는 순간부터 나는 사람으로부터, 가족으로부터 격리된다. 내가 아무리 금실 좋은 부부였을지언정 나의 아내나 남편이 나의 시체를 끌어안고 잠을 자 주지는 않는다. 나의 자식들이 천하 효자라 해도 죽은 나의 시체를, 우리 부모님 불쌍타며 자기 방으로 모시지도 않는다. 나의 시체는 죽음과 동시에 영안실 냉동고 속으로 격리될 뿐이다. 옛날 집에서 장례를 치르던 시절에도 사정은 마찬가지였다. 그때에도 죽은 자의 시체는, 방 한 구석에 뒷면을 앞쪽으로 향하도록 쳐진 병풍 뒤로 어김없이 격리되었다.

정한 시간이 되면, 사람들은 격리되어 있던 나의 시체에 옷을 입힌다. 나의 시체를 관 속에 안치하기 전, 죽는 순간 내가 입고 있던 옷을 벗긴 뒤 시체용 옷을 대신 입히는 것이다. 산 사람의 옷이 의복이라 불리는 반면 죽은 시체를 위한 옷의 명칭은 수의다. 의복과 수의의 근본적인 차이는, 물론 옷의 재질도 다르지만, 주머니의 유무다. 산 사람의 의복엔 주머니가 있게 마련이나 시체의 수의엔 아예 주머니가 없다. 죽은 시체는 이 세상의 그 무엇도 가져갈 수 없기 때문이다. 설령 내가 살았을 때 억만금을 쌓아 두었다 해도 시체가 되는 순간부터 그것은 더 이상 나의 소유가 아니다. 도리어 내가 남긴 재물로 인해 산 사람들 사이에 처절한 재산 다툼이 벌어진다.

현재 우리나라 재벌가의 경우, 세상을 떠난 총수의 자식들이 화목한 경우는 극히 드물다. 대부분 부모의 재산을 놓고 자식들이 공개적인 송사를 벌였거나 벌이고 있다. 가진 것이 없거나 먹지 못해서가 아니다. 이미 막대한 재산을 지니고 있음에도 단지 더 갖고픈 추한 욕망으로 인함이다. 몇 년 전 모 재벌 총수는 숨을 거두기 전 자식들에게 절대로 재산 싸움을 하지 않겠다는 맹세까지 시켰다. 그러나 그들의 맹세는 아버지의 죽음과 동시에 깨어지고 말았다. 자신이 피땀 흘려 모은 재산 때문에 자기 몸에서 태어난 자식들이 원수지간으로 싸운다면 그보다 더 통탄스러운 일이 어디에 있겠는가? 그렇지만 죽은 자는 그 한심한 자식들을, "이놈들" 하고 꾸짖거나 야단칠 수 없다. 죽은 시체에겐, 자식들을 원수로 만든 재물에 대한 더 이상의 권리가 없다. 그러나 이것이 재벌가만의 이야기인 것은 결코 아니다.

　오래 전 모 텔레비전에서 부모의 유산으로 인한 형제간의 갈등을 다루었는데, 그 프로그램에 출연한 50대 주부가 자신의 심경을 솔직하게 털어놓는 장면을 시청한 적이 있다. 그녀에겐 남동생이 한 명 있었다. 아버지는 일찍 세상을 떠나셨고, 홀로 남은 어머니는 병약하기 이를 데 없어 누군가가 병 수발을 들어야만 했다. 젊은 남동생 내외를 생각하니 안쓰러워, 그녀는 남편의 동의를 얻어 어머니를 평생 자기 집에서 모셨다. 세월이 흘러 연로한 어머니의 임종이 가까웠을 때다. 어머니가 딸에게 당부하였다. '너희 아버지가 세상을 떠나실 때 내 이름으로 남겨준 서울 변두리의 그 작은 집 있지 않니? 내가 죽으면 그 집을 네 남동생에게 주거라.' 그녀는 어머니에게 그런 재산이 있다는 것을 평소 의식한 적도 없었고, 어머니에게 무엇을 기대하고 일생 어머니를 모신 것은 더더욱 아니었다. 그러나 어머니의 입에서 그 말이 떨어지는 순간 그녀는, 만약 옆에 과도가 있으면 과도로 어머니를 찌르고 도끼가 있으면 도끼로 어머니를 찍고 싶었다고 했다. 집을 준다면 응당 어머니를 위해 평생 수고한 자신에게 주어져야지, 왜 저희 가족끼리 편안히 살아온 남동생에게 주느냐는 배신감 때문이었다. 그리고 그 배신감을 극복하기까지는 상당한 세월이 필요했었다고 고백했다.

또 다른 이야기도 있다. 최근에는 가족들이 모두 모여 웃음꽃을 피워야 할 설날에 일가족이 엽총에 맞아 숨진 사고가 일어나 세상을 놀라게 했다. 예순여섯 살 이 모 씨가 셋째 동생의 제삿날에 동생 집을 찾아가 제사를 준비하던 동생의 처 한 모 씨와 한 씨의 열세 살 난 딸 그리고 둘째 동생의 스물여섯 살 난 막내딸을 엽총으로 쏴 살해하고, 같이 있던 다른 가족 세 명에게 중상을 입힌 것이다. 이어 이 모 씨는 같은 마을에 사는 둘째 동생 집을 찾아가 불을 지르고 자신의 머리에 총을 발사해 스스로 목숨을 끊었다. 이 끔찍한 사건의 발단은 20여 년 전으로 거슬러 올라간다. 이 씨의 형제들은 부친에게 땅을 유산으로 상속받았는데, 당시 농사를 짓던 둘째 동생에게 조금 더 많이 돌아간 것에 늘 불만을 품다가 최근 토지 개발에 의해 땅값이 급등하자 동생 가족과 마찰이 심해져 범행을 저지른 것이다. 이뿐이 아니다. 어떤 40대 남자는 형제간의 유산 상속 문제로 다툼을 벌이다 본인의 재산이 압류를 당하자 아파트에서 뛰어내려 스스로 목숨을 끊었다.

이처럼 부모의 유산을 둘러싼 자식들의 처절한 재산 다툼은 재벌가만의 이야기가 아니며, 금액의 많고 적음을 떠나 이미 우리 사회의 보편적 현상이 되었다. 이 책을 읽고 있는 독자 중에도 부모가 남긴 재산으로 인해 친형제자매와 의절한 사람이 분명히 있을 것이다. 다른 집안의 처절한 재산 싸움을 보면서도 사람들은 자기 자식들만은 예외일 것이라 생각한다. 그러나 그것이야말로 오해다. 일평생 재물을 삶의 목적으로 삼고 살아온 부모의 자식들이라면 그들 역시 재물이 생의 목적일 것이기에, 부모의 죽음과 동시에 부모가 남긴 재산을 놓고 조금이라도 더 많은 몫을 차지하기 위해 어떤 형태로든 서로 대립할 것이다. 혹, 나에게는 자식이 한 명밖에 없으므로 그런 문제에 관한 한 안심이라고 착각할 수도 있다. 그러나 대부분의 경우, 부모가 물려준 막대한 재산이 인생의 수고와 땀의 의미를 알 까닭이 없는 자식의 인생을 망쳐 버린다는 사실을 잊어서는 안 된다.

1963년 11월 22일 오스왈드의 저격으로 미국 대통령 케네디가 텍사스 주 달라스에서 피살되었을 때, 그의 아내 재클린의 나이는 불과 34세 그리고 외아들 케네디 2세는 만 3세에 지나지 않았다. 사흘이 지난 11월 25일, 케네디 2세가 워싱턴교회 앞을 지나는 아버지의 영구차를 향해 무슨 영문인지도 모른 채 거수경례를 올려, 보는 이들의 가슴을 저미게 하던 바로 그날은 케네디 2세가 이 땅에 태어나 세 번째 맞는 생일이었다. 졸지에 과부가 된 젊은 재클린은 어린 자식에게 경제적으로 안정된 삶을 물려주기 위해 자기보다 23년이나 연상인 그리스의 억만 장자 오나시스와의 재혼을 거쳐, 1994년 세상을 떠나며 2천만 불 이상의 유산을 아들에게 물려주었다. 그러나 케네디 2세는 그 돈으로 유명 연예인들과 염문을 뿌리는 등 자유분방한 삶을 즐기다가, 1999년 자신이 조종하던 자가용비행기 사고로 아내와 함께 불귀의 객이 되고 말았다. 그때 그의 나이 겨우 39세, 참으로 덧없는 삶이요 허망한 죽음이었다. 만약 그에게 물려받은 유산이 없었던들 충분히 피할 수 있는 삶이요 죽음이었음에 틀림없다.

내가 평생토록 애써 모으고 남겨 준 재산으로 인해 사랑하는 나의 자식들이 원수지간이 되거나 자기 인생을 망쳐도 이미 시체가 된 나는 속수무책일 뿐, 그들을 위해 해 줄 수 있는 것이라곤 더 이상 아무것도 없다. 그것이 죽음이다.

그 다음 순서는 장사(葬事)를 치르는 것이다. 화장의 경우엔 화장터 화구에 관을 넣은 지 한 시간이 채 지나지 않아 뼈 몇 쪽만 남는다. 초고온에 달하는 화구의 열기는 시체를 완전히 소각해 버릴 수 있지만 유족을 위해 몇 조각의 뼈를 남겨 주는 것이다. 화장터 직원이 그 뼈를 수습, 분골실의 절구에서 분골한 가루를 유족에게 넘겨준다. 이른바 한 줌의 재, 한 인간의 삶이 그렇게 끝나 버리고 만다.

매장의 경우엔 미리 준비된 유택(幽宅) 속으로 명정(銘旌)이 덮인 관을 하관한다. 명정이란 죽은 자의 이름이 쓰인 붉은 천이다. 그 위에 일곱 개의 횡대를 덮고 유족들이 돌아가며 관 위에 흙을 뿌리는 취토(取土)가 이어진다. 유족들이 한 삽씩 뿌린 흙이 관 위에 쌓이면, 묘지의 인부가 유택 속으로 들어가 그 흙을 장화로 밟으면서 평평하게 다진다.

1979년 10월 26일 김재규 정보부장에 의해 피살된 박정희 대통령의 장례식은 11월 3일, 9일장으로 치러졌다. 전국에 설치된 분향소를 찾아 분향한 사람의 수가 1천7백만 명에 달하고 온통 국화로 뒤덮인 대형 운구차를 100명의 사관생도들이 운송하는 등, 삼권을 장악했던 절대 권력자의 국장인 만큼 그 규모와 장엄함은 상상을 초월하였다. 대통령의 관은 동작동 국립묘지에 도착한 뒤 모든 예식을 거쳐 유택 속으로 하관되었다. '대한민국 대통령 박정희'라 쓰인 명정 위에 태극기를 덮은 관이 하관되자 먼저 횡대를 덮고, 역시 '대한민국 대통령 박정희'란 휘호가 새겨진 대리석을 그 위에 다시 덮었다. 그리고 유족들과 삼부 요인들의 순서로 취토가 있었다. TV를 통해 장례식 전 과정을 지켜보던 나는 그 다음 장면에서 깜짝 놀라고 말았다. 대통령의 관 위에 쌓인 흙을 다지기 위해 유택 속으로 들어간 사람은, 그 누구도 아닌 국립묘지 인부였다. 대통령의 무덤이라 하여 국무총리나 참모총장이 들어가는 것은 아니었다. 만약 그들 중 누군가가 대통령 관 위의 흙을 밟고 섰다면 그는 필경 불경죄로 다스림을 받았을 것이다. 오직 묘지의 인부만 대통령 관 위에 서는 특권을 지니고 있었다. 그는 대통령 관 위에 쌓인 흙을 자신의 장화로 밟아 다졌다.

내가 이 세상에서 아무리 고귀한 직책과 삶을 누렸을지라도 나의 코끝에서 호흡이 멎기만 하면, 나는 묘지 인부의 장화 아래 밟히고 만다. 이것이 죽음의 실체다.

매장이 끝나면 무덤을 석곽으로 장식하거나 봉분을 쌓고 그 앞에 비석을 세운다. 그러나 아무리 왕릉 같은 봉분을 조성하고 태산처럼 높은 비석을 세워도 그것은 산 사람을 위한 것일 뿐 죽은 자와는 아무 상관이 없다. 불효자일수록 부모 무덤의 봉분과 비석을 더 크게 세운다는 것은 아무래도 빈말이 아니다. 봉분과 비석으로 그럴듯하게 꾸며진 무덤 내부에서는 실제로 무슨 일이 벌어지는가?

신일교회 이광선 목사님의 이장(移葬) 경험담을 들은 적이 있다. 교인 부친의 묘 이장을 집례하기 위해 현장에 도착하자, 인부들이 봉분을 무너트리고 무덤을 파 관을 꺼내었다. 관은 이미 여기저기 썩어 있었다. 인부가 관 뚜껑을 엶과 동시에 시커멓게 썩어 있는 수의와 시신을 휘감고 있는 나무뿌리가 보였다. 그보다 더 충격적인 것은 시신을 새카맣게 뒤덮고 있는 이름모를 징그러운 벌레들이었다. 난생 처음 보는 벌레들로, 관 뚜껑이 열렸음에도 시체에서 떨어질 기미가 전혀 없었다. 그날따라 구름이 잔뜩 낀 흐린 날씨인지라 시체 썩는 악취가 진동하였다. 몇 차례나 구토를 하면서도 이리저리 삽을 휘둘러 벌레를 쫓으려던 인부가 끝내 포기하고 말았다. 돈도 좋지만 더 이상은 역겨움을 참지 못하겠다는 것이었다. 상주인 교인이 목사님을 쳐다보았다. 그 시선의 의미를 아는 목사님은 "이런 일은 상주가 하는 거예요" 하고 말했지만, 상주가 안쓰러워 목사님 역시 팔을 휘두르며 벌레를 쫓기 위해 안간힘을 썼다. 그러나 아무리 애를 써도 시체를 뒤덮고 있는 벌레들은 요지부동이었다.

나의 무덤이라고 예외일 수는 없다. 나의 코끝에서 호흡이 멎으면, 나의 시체는 땅속에서 썩어 문드러지거나 이름 모를 벌레의 밥이 될 뿐이다. 죽음이란 이런 것이다.

우리는 지금까지 죽음이 우리를 찾아왔을 때, 시체가 되어 버린 우리에게 일어날 일들을 구체적으로 생각해 보았다. 이것이 누구도 피할 수 없는 진실이라면, 시체해부실에서 자신의 죽음을 절감했던 젊은 의대생처럼 우리 역시 실존적 질문을 스스로 던지지 않을 수 없다.

'나는 지금 대체 무엇을 위해 살고 있는가?'

긴 안목에서 볼 때 결국 무덤 속에서 썩어 문드러지거나 이름 모를 벌레의 제물이 되기 위해, 다시 말해 단지 죽기 위해 그토록 열심을 다해 살고 있는 것은 아닌가? 그렇다면 이미 시체가 되어 땅속에 묻힌 자와 우리 사이에 무슨 근본적인 차이가 있을 수 있단 말인가? 이 사실을 깨닫지 못했다면 모르되, 명명백백히 자각하였으면서도 단지 죽기 위해 죽음의 삶을 살 수만은 없지 않은가? 죽음의 매듭 위에서 참되고 영원한 생명을 추구해야 하지 않겠는가? 자신이 '에노스'임을 자각한 셋 시대의 사람들처럼, 온 중심을 다해 생명의 근원이신 여호와 하나님의 이름을 인격적으로 불러야 하지 않겠는가? 하나님께서 '에노스'에 지나지 않는 인간에게 참 생명을 주시려 이 땅에 보내신 예수 그리스도를 자기 생의 주인으로 모셔 들여야 하지 않겠는가? 그분 안에서 사생의 매듭을 확고히 맺어야 하지 않겠는가?

사람이 만일 온 천하를 얻고도 제 목숨을 잃으면 무엇이 유익하리요 사람이 무엇을 주고 제 목숨을 바꾸겠느냐(마 16:26).

4
왜 예수님이신가?

모든 고등종교는 인간의 죽음 이후에 대해 언급하고 있다. 만약 인간에게 죽음이 없다면 종교도 없을 것이다. 현재 우리 국민의 삶 속에서 가장 큰 비중을 차지하는 종교는 두말할 것도 없이 불교와 기독교다. 기독교는 주일마다 전 국민의 25퍼센트가 예배당을 찾아 예배드린다는 것만으로도 그 비중이 클 수밖에 없다. 불교의 경우, 정기적으로 사찰을 찾는 적극적인 신자는 기독교보다 현저하게 적다. 그러나 고구려 소수림왕 2년(372년)에 불교가 한반도에 전래된 이래 1천6백 년 동안 불교는 역사·사상·문화·예술·습속 등, 우리 사회와 삶의 전반에 걸쳐 지대한 영향을 미쳤다. 불교를 배제하고는 우리의 지난 역사를 논하는 것 자체가 불가능할 정도다. 불교 신자든 아니든, 적어도 한국인이라면 그 의식 근저가 불교에 맞닿아 있다고 해도 과언이 아니다.

이런 의미에서 우리 속에 잠재되어 있는 영향력까지 포함하여, 겨우 120년의 일천한 역사밖에 지니지 못한 기독교보다 1천6백여 년 동안 맥을 이어온 불교가 우리 사회에서 여전히 더 큰 비중을 차지하고 있음을 부인할 수 없다. 따라서 상식적으로만 생각한다면, 종교를 갖기 원하는 한국인의 경우 불교도가 되는 것이 자연스런 일처럼 여겨진다.

그렇지만 개인적으로 나는 불교도가 아니다. 나의 조상들이 대대로 믿어 온 불교 대신 기독교인으로 살아가고 있다. 이것은 단순히 기독교가 나의 외조부, 그리고 나의 부모님으로부터 물려받은 유산인 까닭만은 아니다. 오직 기독교에만 부활이 있기 때문이다. 여호와 하나님께서 에노스를 위해 이 땅에 보내 주신 예수님만 죽음을 깨트리고 부활하셨다. 죽을 수밖에 없는 에노스에게 부활의 생명보다 더 절실하고 시급한 것이 또 무엇이겠는가?

> 방백들을 의지하지 말며 도울 힘이 없는 인생도 의지하지 말지니 그 호흡이 끊어지면 흙으로 돌아가서 당일에 그 도모가 소멸하리로다(시 146:3-4).

그 어떤 에노스도, 에노스는 에노스를 살리지 못한다. 에노스 안에는 참 생명이 없다. 에노스에게 있는 것이란 죽음을 향해 치닫는 쇠퇴요 소멸일 뿐이다. 참 생명은 에노스 밖으로부터, 죽음을 깨트리고 부활하신 예수님으로부터만 주어진다.

본래 하나님께서 인간을 창조하셨을 때 인간은 죽지 않는 존재였다.

그러나 인간의 범죄로 말미암아 인간은 하루아침에 에노스가 되고 말았다. 하나님의 법은 죄의 삯을 사망으로 규정하고 있기에, 죄인인 인간은 모두 죽을 수밖에 없었다. 그러나 하나님께서는 당신의 독생자이신 예수님으로 하여금 인간이 받아야 할 죽음의 형벌을 대신 받게 하셨다. 예수님께서 죄인을 위해 친히 죄인이 되시어 십자가에서 사망의 형벌을 당하신 것이다. 그래서 인간은 여전히 죄인이지만, 하나님께서는 인간의 죄 값을 대신 치르신 예수님 안에서 인간의 죄를 용서하시고 의롭다 인정해 주신다. 그러나 이것만으로는 예수님께서 인간의 구주가 되실 수 없다. 죄의 형벌에 관한 문제는 예수님의 죽음으로 해결되었을지라도, 에노스인 인간에게 죽음은 여전히 미결의 과제로 남기 때문이다. 인간을 대신하여 십자가에서 돌아가신 예수님께서는 사흘째 되는 날 죽음을 깨트리고 부활하셨다. 일시적으로 살아나신 것이 아니라 영원한 부활, 참 생명과 영원한 생명으로의 부활이었다.

> 죄의 삯은 사망이요 하나님의 은사는 그리스도 예수 우리 주 안에 있는 영생이니라(롬 6:23).

그래서 그 어떤 에노스도 예수님을 믿기만 하면, 예수님 안에 거하기만 하면, 죄 사함을 받음은 물론이요 참되고도 영원한 생명을 얻고 누리게 된다. 전적으로 예수님의 부활이 있었기에 가능한 일이다. 한마디로 예수님의 부활은 기독교의 핵심이다. 예수님의 부활이 없었던들 기독교가 존재할 리 없고, 모든 인간은 오늘도 그저 에노스로 허망하게 죽어 갈 따름일 것이다.

예수님의 부활이 에노스에게 생명의 길을 터 주었다면, 에노스에게 예수 부활보다 더 중요한 것은 있을 수 없다. 그렇다면 예수님께서 부활하셨다는 증거는 과연 무엇인가? 무슨 증거로 예수 부활을 믿고 또 전할 수 있단 말인가?

첫째, 우리 믿음의 대상인 성경이 예수 부활을 확고히 증거하고 있기 때문이다. 그러나 이것은 객관적 증거가 될 수 없다. 성경을 믿지 않는 자는 성경이 전하는 예수 부활 자체를 아예 받아들이지 않는다. 예수 부활의 증거가 믿지 않는 자들에게까지 설득력을 지니기 위해서는 성경 밖의 증거가 있어야 한다.

둘째, 예수님의 말씀에 의해 수많은 사람들의 인생이 새로워지고 있기 때문이다. 예수님께서 십자가에서 돌아가셨다가 부활하신 것은 2천 년 전의 일이다. 그런데도 지난 2천 년 동안 지구상의 수없이 많은 사람들이 예수님의 말씀 안에서 참 생명을 얻고 삶이 새로워졌다는 것은 예수님께서 부활하셨고 오늘도 살아 역사하신다는 증거가 아닐 수 없다. 그러나 이것만으로도 불충분하다. 불교신자들 역시 2천5백 년 전에 이 땅을 거쳐 간 부처님의 가르침으로 새로워지고 있기 때문이다.

셋째, 예수님에겐 무덤이 없다는 것이 부활의 증거다. 어떤 종교든 교주의 무덤을 갖고 있다. 교주 무덤의 크기가 자기 종교의 권위를 나타내기라도 한다는 듯, 각 종교는 왕릉 같은 교주 무덤의 규모와 위용을 자랑한다. 만약 예수님의 부활이 없었더라면 오늘날 우리는 이스라엘 어딘가에서, 예수님의 추종자들이 온 정성을 다해 조성한 예수님의 거대한 무덤을 볼 수 있을 것이다. 그러나 예수님에겐 아예 무덤이 없다. 부활하신 예수님께는 무덤의 핵인 시신이 없기 때문이다. 이것은 확실히 예수 부활의 좋은 증거임에 틀림없다. 그러나 이것 역시 불충분하다. 예수님을 대적하던 자들은 이미 2천 년 전부터 예수님의 제자들이 스승의 시신을 어디론가 빼돌린 뒤 거짓말을 한다고 퍼트렸기 때문이다(마 28:11-15). 무언가 확고부동한 증거가 따로 있어야만 한다.

그 확고한 증거는, 제자들에 의한 예수 부활의 증언이 무너지지 않았다는 것이다. 이와 관련하여 닉슨 전 미국대통령의 특별고문이었던 찰스 콜슨은 자신의 저서 《러빙 갓》(Loving God)에서 중요한 사실을 일깨워 주고 있다.

1972년 워싱턴 소재 워터게이트 건물 안에 있던 민주당 사무실에 절도범이 들었다. 대수롭지 않은 단순 절도 사건처럼 보였지만, 절도범 중 한 사람의 주머니 안에서 백악관 직원의 이름이 적힌 쪽지가 발견되어 파문이 일기 시작했다. 그해 11월 닉슨은 재선에서 사상 유례없는 압승을 거두었고, 이듬해인 1973년 2월에는 지긋지긋하던 월남전을 종결시켜 대통령으로서 최절정의 시기를 구가하고 있었다. 그러나 워터게이트의 망령은 사라지지 않고 계속 확대되기만 했다.

마침내 1973년 3월 21일 대통령의 보좌관들이 모여, 닉슨 대통령은 애초 사건 자체를 알지 못했다는 조직적인 사건 은폐 음모를 꾸몄다. 그 음모에 참여한 10여 명의 보좌관들은 엘리트 중의 엘리트들로서 미국에서 최고의 명성을 날리던 변호사들이었다. 그들은 모두 법률 전문가들이었기에 어떻게 해야 사건을 완벽하게 은폐할 수 있고, 어떻게 진술해야 철저하게 은폐를 유지할 수 있는지 누구보다 잘 알고 있었다. 더욱이 그들은 모두 닉슨의 열렬한 신봉자들이었다. 그들은 자신들이 신봉하는 닉슨을 위해 최고 수입의 변호사직을 마다하고 닉슨을 좇아 백악관으로 들어갔고, 닉슨을 위해 24시간 밤낮을 가리지 않고 일했으며, 닉슨이 원한다면 생명마저 던질 각오가 되어 있는 자들이었다.

닉슨 대통령 역시 그들을 각별하게 대우, 그들에게 막강한 권한을 주었다. 이를테면 대통령의 허가 하에 그들의 지시로 장관, 장성, 군대를 이동시킬 수 있었고, 공무원 채용과 승진 및 해고가 가능하였다. 연방정부 예산 중 수십억 달러를 마음대로 주무를 수 있었고, 전화 한 통화로 리무진과 제트기를 언제나 동원할 수 있었다. 국립미술관의 그림을 대여 형식으로 자신들의 집무실에 걸 수 있었고, 그들의 집무실 앞엔 붉은 상의의 스튜어드(steward)가 24시간 대기하였다. 미 전역 어디에서나 전용전화를 가설할 수 있었고, 비밀경호원의 경호를 받을 수도 있었다. 웬만한 나라 대통령이 부럽지 않은 막강한 권한이요 권력이었다.

그들은 자신들의 명예와 주어진 특권을 지키기 위해, 그들이 신봉하는 닉슨을 위해 적극적으로 은폐 음모를 꾸몄고, 그들의 법률적 지식과 경륜에 비추어 그들의 은폐 기도는 완벽하게 성공할 수 있을 것 같다. 그러나 그들의 시도는 불과 18일 만에 무참하게 무산되고 말았다. 그토록 말을 맞추었음에도 집요한 검사의 심문 앞에서 그들의 진술이 엇갈린 것이다. 그들은 죽음의 위협에 처하지도 않았다. 누가 무력으로 협박한 것도 아니다. 그럼에도 그들의 진술은 엇갈렸고, 마침내는 닉슨 대통령에게 등을 돌린 채 막강했던 권력의 자리를 포기하고 말았다. 왜 그랬을까? 그들이 지키려고 했던 것이 거짓이었기 때문이다. 거짓은 어떤 시도로도 지켜지지 않는다. 거짓은 반드시 허물어지고 만다. 거짓이란 본래 없는 것이기 때문이다.

하루아침에 죄수로 전락하여 수감된 찰스 콜슨은 칠흑 같은 교도소의 어둠 속에서 중요한 사실을 깨닫게 된다. 미국 최고의 엘리트들이 꾸민 거짓이 18일을 넘기지 못한 사실에 비추어 볼 때 만약 예수 부활의 증언이 제자들에 의해 꾸며진 거짓이라면, 그 거짓은 이미 2천 년 전에 공중분해되어 버리고 말았을 것이다. 예수님의 제자들은 지성인도, 법률 전문가도 아니었다. 그들은 모두 무식꾼들이었다. 그 무식꾼들이 아무리 입을 맞춘들, 그들이 꾸민 거짓말이 지켜질 리가 없다. 더욱이 예수 부활을 증언하는 대가로 그들에게 세상의 권세나 영광이 주어진 것도 아니다. 그 대가는 원형극장에서 사자의 밥이 되거나 참수형, 혹은 화형을 당하는 것이었다. 하지만 그들은 개의치 않았다. 그들은 전혀 죽음을 두려워하지 않고 예수님께서 살아나셨다고, 예수 부활을 외치면서 죽어 갔다. 그들은 부활하신 예수님을 진짜로 만났던 것이다. 그리고 그 무식한 제자들의 증언은 2천년이 지난 지금까지 허물어지지 않고 우리에게까지 전해졌다. 예수님께서 정말 영원한 생명으로 부활하셨기 때문이다.

그래서 그 어떤 에노스도 부활하신 주님 안에 있으면 죽어도 죽지 않는다. 하나님께서 에노스인 우리를 죽음에서 생명으로 건져 올려 주시기 위해 이 땅에 보내 주신 구세주가 바로 그분이시다.

어떤 물체든 위에서 아래로 떨어지는 것은 만유인력의 법칙 때문이다. 내가 손에 들고 있는 펜을 놓으면 펜은 어김없이 아래쪽으로 떨어진다. 한국에서만이 아니라 일본 미국 영국 등, 인력은 어디서나 작용한다. 그러나 그 인력을 깨트리는 방법이 있다. 물체에 가해지는 인력보다 더 큰 힘을 행사하면 된다. 나의 왼손에서 떨어지는 펜을 오른손으로 잡는 것이다. 펜을 끌어당기는 인력보다 내 손의 힘이 더 크기에 펜에 가해지던 인력은 곧 차단되고, 그와 동시에 펜의 추락은 멈춘다. 이것은 세계 어느 곳에서든 가능한 일이다. 그러나 하늘에서 집채 만한 바위가 떨어진다면 나는 속수무책일 수밖에 없다. 나의 힘이 그 바위에 가해지는 인력에 비해 턱없이 모자라기 때문이다. 미국이나 영국에서도 마찬가지다. 그곳이라고 해서 동일한 크기와 무게의 바위에 작용하는 인력이 감소되거나, 나의 힘이 갑자기 몇십 배 확대되는 것은 아니다.

인간이 에노스인 것은 모든 인간에게 가해지는 사망의 인력 때문이다. 이 사망의 인력을 차단할 수 있는 힘을 지닌 인간은 그 어디에도 없고, 이 인력에서 제외되는 나라나 도시도 없다. 그래서 지구상의 모든 인간은, 어느 날 불현듯 찾아온 죽음의 인력으로 시체가 되어 공동묘지에서 썩어 문드러지고 만다. 그러나 하나님께서 인간을 위해 이 땅에 보내신 예수님께서 사망의 인력을 깨트리시고 부활하셨다. 예수님께서 사망의 인력보다 더 큰 생명의 힘을 지니신 것이다. 그 생명의 힘은 세상 어느 곳에서도 감소되거나 쇠퇴하지 않는다. 누구든지 예수님 안에 거하기만 하면, 예수님께서는 당신의 생명의 힘으로 그에게 작용하는 사망의 인력을 분쇄시켜 버리신다. 그래서 예수님께서는 모든 에노스의 구원자가 되신다.

의학 용어 중에 능동적 수송과 수동적 수송이란 말이 있다. 동식물을 포함한 모든 세포와 세포 사이에서 일어나는 전해질의 왕래를 일컫는 용어인데, 능동적 수송은 수동적 수송과는 달리 반드시 능동적 힘을 필요로 한다. 명동 거리에 인파가 물밀 듯 밀려오고 있다고 가정해보자. 그 인파에 휩쓸려 자신의 의사와는 상관없이 인파에 밀려가는 것이 수동적 수송이다. 반면에 인파를 헤치고 인파를 거슬러 올라가는 것은 능동적 수송이다. 이것이 가능하기 위해서는 능동적 힘이 필수적인데, 이때의 능동적 힘이란 밀려오는 인파를 능가하는 힘이다. 그 힘을 지니지 못했을 경우 아무리 발버둥을 쳐도 결국 수동적 수송으로 밀려날 뿐이다.

어느 집에서나 수도꼭지를 돌리는 즉시 물이 나오는 것은 물의 수동적 수송으로 인함이다. 높은 곳에서 낮은 곳으로 흐르는 물의 속성상 고지대의 수원지에서 그보다 낮은 지대로 물의 수동적 수송이 이루어진다. 그러나 이 세상의 모든 집이 수원지보다 낮은 곳에 위치한 것은 아니다. 아파트나 고층 건물은 수원지보다 훨씬 높지만 그곳에서도 수돗물이 나오는 것은, 모터의 힘을 이용하여 아파트나 고층 건물 옥상의 물탱크로 물을 끌어올리기 때문이다. 모터의 힘을 이용한 물의 능동적 수송이다. 그렇다고 물의 능동적 수송이 무한정 가능한 것은 아니다. 고층 건물 꼭대기로는 물을 끌어올릴 수 있지만, 수도꼭지에서 흐르는 물을 본래의 발원지인 수원지로 밀어 올릴 수는 없다. 그것을 가능케 할 힘을 지닌 모터도 없지만 설령 그런 모터를 만든다 해도, 물을 밀어

올리기도 전에 그 압력을 견디지 못한 수도관이 파열되고 말 것이다.

죄의 삯은 사망이기에, 아담의 범죄 이후 모든 인간은 사망의 골짜기로 떨어지기 마련이다. 사망을 향한 수동적 수송인 셈이다. 이 사망을 거스를 수 있는 능동적 힘을 지닌 인간은 없다. 그저 인간은 하루하루 사망에 떠밀려 공동묘지를 향해 수동적으로 밀려나고 있을 뿐이다. 그러나 예수님께서 사망을 깨트리고 부활하셨다. 누구든지 예수님 안에 있기만 하면 사망의 골짜기를 거슬러 생명의 수원지까지 다다를 수 있다. 부활하신 예수님께서 에노스를 위한 생명의 능동적 수송선이시기 때문이다. 그 생명의 능동적 수송선을 타고 있는 자에겐 죽음은 더 이상 죽음이 아니다. 그에게 죽음이란 단지 육체의 허물을 벗는 것일 뿐, 그것은 전혀 새로운 시작을 의미한다. 그래서 프랑스의 문호, 《레미제라블》의 저자 빅토르 위고는 자신의 죽음에 대해 이렇게 피력하였다.

나는 무덤에 들어갈 때에 하루의 일과를 마쳤다고 말할지언정 내 인생을 마쳤다고는 말하지 않으리라. 나는 그 다음 날에도 여전히 일할 것이기 때문이다. 죽음은 막다른 골목이 아니라 새로운 삶을 향한 통로이다.

오직 예수님의 부활로 인해 에노스는 더 이상 에노스가 아닐 수 있게 되었다. 그래서 예수님의 탄생을 전하는 신약성경 첫머리인 마태복음 1장, 즉 예수님의 족보는 이렇게 시작되고 있다.

아브라함과 다윗의 자손 예수 그리스도의 세계라. 아브라함이 이삭을 **낳고** 이삭은 야곱을 **낳고** 야곱은 유다와 그의 형제를 **낳고** 유다는 다말에게서 베레스와 세라를 **낳고** 베레스는 헤스론을 **낳고** 헤스론은 람을 **낳고**⋯⋯엘리웃은 엘르아살을 **낳고** 엘르아살은 맛단을 **낳고** 맛단은 야곱을 **낳고** 야곱은 마리아의 남편 요셉을 **낳았으니** 마리아에게서 그리스도라 칭하는 예수가 **나시니라**(마 1:1-3, 15-16).

인간이 에노스임을 자각한 뒤에 등장한 구약성경의 첫 족보가 죽음의 족보였음에 반해, 예수 그리스도와 더불어 시작되는 신약성경의 첫 족보는 이처럼 생명의 족보다. 어떤 에노스도 예수 그리스도 안에서는 모두 새로운 생명으로 거듭날 수 있다는 의미다. 구약의 첫 족보가 죽음의 매듭이라면 신약의 첫 족보는 생명의 매듭이고, 이 두 매듭을 연결하면 사생의 매듭이 된다. 그 매듭의 핵이 예수 그리스도이심은 두말할 나위도 없다. 자신이 에노스임을 아는 자만 부활하신 예수 그리스도 안에서 참 생명을 구하는 법이다. 그래서 나는 다시 태어나도 예수님을 좇고 따르는 데 나의 일생을 걸 수밖에 없다. 다시 태어난다 한들 나는 여전히 에노스일 것이요, 부활하신 주님 안에서는 죽음이 더 이상 죽음이 아님을 알기 때문이다.

5
생명이 임하면

부활하신 주님 안에서는 죽음이 더 이상 죽음이 아니라는 말은, 부활의 생명은 인간의 육체가 죽은 뒤에야 임한다는 의미가 아니다.

베다니에 주님의 각별한 사랑을 받던 남매가 있었다. 마르다와 마리아 자매, 그리고 오라비 나사로였다. 어느 날 나사로가 중병에 걸렸다. 나사로의 누이들로부터 기별을 받은 주님께서 베다니에 당도하신 것은 이미 죽은 나사로를 장사 지낸 지 나흘이나 지나서였다. 주님께서 마을에 오셨다는 소식을 듣고 뛰쳐나온 마르다와 주님 사이에 다음과 같은 내용의 대화가 오갔다.

"주께서 여기 계셨더면 내 오라비가 죽지 아니하였겠나이다 그러나 나는 이제라도 주께서 무엇이든지 하나님께 구하시는 것을 하나님이 주실 줄을 아나이다"(요 11:21-22).

"네 오라비가 다시 살리라"(요 11:23).

"마지막 날 부활에는 다시 살 줄을 내가 아나이다"(요 11:24).

"나는 부활이요 생명이니 나를 믿는 자는 죽어도 살겠고 무릇
살아서 나를 믿는 자는 영원히 죽지 아니하리니 이것을 네가 믿
느냐"(요 11:25-26).

주님과 마르다의 이 대화는 중요한 사실을 일깨워 준다. 마르다는 부
활을 알고 있었고, 또 믿었다. 그러나 마르다는 부활이 '마지막 날', 즉
인간의 죽음 이후 마지막 심판 날에 주어지는 것으로 이해하고 있었다.
그러나 주님께서는 주님을 믿는 자들이 죽어도 사는 것은 물론이요, 살
아서 믿는 자는 영원히 죽지 않는다고 말씀하셨다. 부활의 생명은 죽은
뒤, 혹은 마지막 심판 날에 주어지는 것이 아니라, 주님을 믿는 이 땅에
서부터 얻고 누리는 것임을 일깨워 주신 것이다. 그래서 주님께서는 무
덤에 시체로 누워 있던 나사로를 다시 살려 내셨다. 나사로에게 가해진
죽음의 인력을 차단해 버리신 것이다. 그것은 단순히 나사로가 죽기 이
전의 상태로 환원된 것을 의미하지 않는다. 죽기 전 나사로가 하루하루
소멸되어 가는 에노스에 지나지 않았다면, 이제 그는 생명의 능동적 수
송선이신 주님 안에서 영원한 생명의 존재가 된 것이다. 그는 육체를
지닌 채 이 땅에서부터 영원한 생명의 삶을 살았고, 코끝의 호흡이 멎
는 날 영원하신 하나님의 나라에 입성하였다. 이것이 중요하다. 부활하
신 주님을 믿으면, 그 순간부터 우리의 생명 자체가 새로워진다. 영원

하고 참되신 주님의 생명이 우리에게 임하기 때문이다.

앞서 이광선 목사님의 '이장' 경험담에 대해 언급했었다. 목사님과 유족들이 시신에 새카맣게 붙어 있는 벌레를 쫓기 위해 삽과 팔을 휘두르며 안간힘을 썼지만 벌레들은 꿈쩍도 하지 않았다. 바로 그때였다. 하늘을 가리고 있던 구름이 열리며 그 틈 사이로 모습을 드러낸 햇빛이 시신 위로 쏟아져 내렸다. 그와 동시에 시체에 달라붙어 있던 그 많은 벌레들이 흐물흐물 사라져 버리고 말았다. 햇빛이 죽음의 벌레들을 일거에 모조리 쓸어버린 것이다. 생각만 해도 그것은 참으로 경이로운 광경이다. 그러나 햇빛 앞에서 죽음의 벌레가 아무리 일소되어도 시신은 시신일 뿐, 시신은 그 햇빛에 어떤 반응을 보일 수도 없다.

그러나 우리는 죽은 시체가 아니다. 우리의 코끝에는 아직도 싱싱한 호흡이 붙어 있다. 그래서 부활하신 주님께서 우리에게 임하실 때 우리는 그 생명의 빛에 새로운 생명의 삶으로 응답하게 된다.

주님께서 제자들에게 말씀하셨다.

> "조금 있으면 너희가 나를 보지 못하겠고 또 조금 있으면 나를 보리라"(요 16:16).
> "내가 진실로 진실로 너희에게 이르노니 너희는 곡하고 애통하겠으나 세상은 기뻐하리라 너희는 근심하겠으나 너희 근심이 도리어 기쁨이 되리라"(요 16:20/개역개정).
> "지금은 너희가 근심하나 내가 다시 너희를 보리니 너희 마음이 기쁠 것이요 너희 기쁨을 빼앗을 자가 없느니라"(요 16:22).

"조금 있으면 너희가 나를 보지 못한다"는 말씀은 주님의 죽음을, "또 조금 있으면 나를 보리라"는 말씀은 주님의 부활을 예고하신 것이었다. 주님께서 십자가에서 무력하게 돌아가셨을 때 제자들은 그야말로 낙심천만, 근심과 두려움으로 인해 아무것도 할 수 없었다. 그러나 부활하신 주님을 뵈었을 때 그들의 근심은 충만한 기쁨으로 대체되었다. 영영 돌아가신 줄 알았던 주님께서 죽음을 깨트리시고 부활하셨으니 어찌 제자들이 기뻐하지 않을 수 있었겠는가? 그 기쁨이 얼마나 크면 세상 그 누구도 빼앗을 수 없는 기쁨이라 하셨겠는가?

그것은 사실이었다. 원형극장의 맹수도, 화형대의 화염도, 그들의 기쁨을 빼앗지는 못했다. 그 극한 상황 속에서도 그들은 기꺼이 주님의 부활을 외쳤다. 이것은 그들이 죽은 뒤에 일어난 일이 아니다. 모두 그들 생전의 일이다. 주님께서 못 박히시던 날 두려움에 떨며 비겁하게 도망가던 몰골에 비하면 상상조차 어려운 대변신이다. 어떻게 죽음마저 두려워 않는 이런 대변신이 가능할 수 있었는가? 부활하신 주님께서 그들에게 임하셨고, 그들이 그 생명에 바르게 응답한 결과다. 제자들 역시 죽은 뒤에만 영원한 생명을 누린 것이 아니라, 이 땅에서부터 그 생명을 살고 누린 것이다.

전도사 시절 여성 문인들과 함께 성경공부를 한 적이 있었다. 암에 걸린 한 남성 작가가 그 성경공부에 합류하여 말씀과 기도를 나누던 중, 병이 치유되는 주님의 은혜를 입게 되었다. 그 소문이 삽시간에 퍼져 한동안 많은 사람들의 전화를 받아야만 했다. 마치 내가 그분을 낫게 해 준 것처럼, 이런저런 환자가 있으니 와서 고쳐 달라는 전화였다. 그것은 전적으로 주님께서 하신 일이었기에 나로서는 정중히 거절할 수밖에 없었다. 어느 날 모 재벌가에서 연락이 왔다. 그 가문의 부인 한 명이 암 투병 중이므로 와 달라는 요청이었다. 환자는 크리스천이 아니었지만 가족 가운데 믿는 이들이 안타까워 내게 연락한 것이었다. 마침 그 가문의 자제분 가운데 나의 친구가 있어 마냥 거절할 수만은 없었다.

서울대학병원 특실 문을 열고 들어가자 환자는 비단수건을 머리에 두른 채 병상에 누워 인터페론 주사를 맞고 있었고, 남편과 자식들이 그 주위에 앉아 있었다. 환자가 머리에 수건을 두른 것은 항암치료로 머리카락이 다 빠졌음을 뜻했다. 내게 연락을 취했던 가족이 환자에게 나를 '이재철 전도사'라고 소개했다. 그와 동시에 환자는 귀찮다는 듯 벽 쪽으로 돌아누워 버렸다. 보기도 싫다는 의미였다. 그도 그럴 것이 재벌 집안이니만큼 믿는 가족들이 얼마나 유명한 목사님들을 많이 모셔다 병실 예배를 드렸겠는가? 믿지 않는 환자에게 그보다 더 큰 고역은 없을 것이다. 그런데 이제 목사도 아닌 전도사까지 왔다니 환자가 돌아누워 버린 것은 오히려 당연한 일이었다. 그로 인해 병실 분위기가 어색해졌음은 물론이다. 나는 그냥 병실을 나와야 할지, 아니면 그 자리에 그대로 있어야 할지 잠깐 망설이지 않을 수 없었다. 그 순간 환자의 남편이 어색해진 분위기를 반전하려는 듯 입을 열었다.

"여보, 의사 선생님 말씀이 이번 항암제 투여가 끝나면 현저하게 회복될 거라고 합디다. 힘을 내시오."

그 말에 자식들 역시 어머니를 격려하고 나섰다. 그러나 돌아누운 환자는 아무 대꾸도 없었다. 그제야 내가 할 일을 깨달은 나는 병상 앞으로 다가가 벽을 향해 누워 있는 환자의 뒷머리를 향해 물었다.

"부인! 지금 부인의 부군과 자제분들이 이번 항암주사를 맞으면 회복될 것이라고 하셨습니다. 부인은 정말 그 말을 믿으십니까? 부인이 아무리 항암주사를 맞아도 부인은 반드시 죽습니다."

내가 보기 싫다며 돌아누워 버렸던 부인이 '당신은 반드시 죽는다'는 나의 말에, 나를 향해 고개를 돌렸다. 병상에 누운 부인과 서 있는 나의 눈이 마주쳤다. 나는 부인의 눈을 들여다보며 말했다.

"부인, 나는 부인의 가족들처럼 부인에게 거짓말을 하거나 부인을 살려 달라고 기도하러 온 것이 아닙니다. 나는 부인에게 진실을 전해 드리기 위해 왔습니다. 오늘도 이 병원에서 얼마나 많은 암 환자가 죽어 나갔는지 아십니까? 그들이 부인보다 부족하거나 모자랐기 때문이겠습니까? 그렇지 않습니다. 죽음이 사람을 부르면 그 누구도 피할 수 없습니다. 그래서 아무리 항암주사를 맞는다 한들 부인 역시 반드시 죽습니다."

부인이 나의 눈을 뚫어지게 쳐다보았다. 나 또한 부인의 눈동자로부터 나의 시선을 거두지 않았다. 꽤 오랜 침묵 끝에 부인이 누운 채 자세를 가다듬으며 내게 물었다.

"그럼 난 어떡해야 합니까?"

"모든 사람은 다 죽지만, 그러나 죽어도 죽지 않는 길이 있습니다. 그 길을 가십시오."

나는 부인에게, 에노스인 그녀를 위해 이 땅에 오신 예수님과 예수님의 복음을 소개했다. 부인은 눈물을 흘리며 주님을 영접했고, 나를 따라 자신의 생을 주님께 맡기는 기도를 드렸다. 사생의 매듭이 맺어진 것이다.

그녀는 다음날 퇴원하였다. 병실에 누워 항암제를 맞으며 의미 없이 죽어 가기에는 남은 시간이 너무나도 소중했던 것이다. 병원에서 집으로 돌아간 그녀는 테이프 성경을 구입, 자리에 누워 체력이 허락하는 한 성경말씀을 들었다. 말씀의 거울 앞에서 누군가에 대한 자신의 잘못을 깨달으면 곧 당사자를 불러 사과하고 용서를 구하였다. 비록 병상에 누워 있을망정 하나님께 속한 자답게, 하나님의 말씀을 귀로만 들은 것이 아니라 자신의 온 삶으로 들은 것이다. 말씀 안에서 그렇게 자기 생을 반듯하게 매듭짓던 그 부인은 석 달 만에 주님의 부르심을 받았다. 그러나 그 석 달이야말로 그녀가 이 땅에서부터 전혀 새로운 생명을 누린, 그리고 지금도 누리고 있을 영원한 생명의 시작이었다.

> 진실로 진실로 너희에게 이르노니 사람이 내 말을 지키면 죽음을 영원히 보지 아니하리라(요 8:51).

이 다음 언젠가 내 코끝에서 호흡이 멎는 날, 나는 하나님나라에서 그 부인을 만나게 될 것을 확신하고 있다.

육체의 임종을 앞둔 사람만 하나님의 말씀에 순종하는 것은 아니다.

자신의 지난 삶이 백해무익했음을 깨닫는 자는 누구든지 주님의 말씀 안에서 새로운 생명을 누릴 수 있다. 옛 삶의 무의미함을 깨닫는 것 자체가 과거에 대한 죽음(死)을 뜻하기에, 그 죽음의 매듭 위에 말씀에 의한 새로운 생명의 삶(生)이 구축되는 것이다.

주님의교회 초기의 일이다. 주님을 영접한 지 얼마 되지 않는 성도님이 나를 찾아왔다.

"목사님, 내일 아침 직장에 사표를 제출키로 결심하였습니다. 오늘 밤 이 사실을 아내에게 알릴 예정입니다. 지금 제가 가려는 이 길이 바른 길인지 최종적으로 목사님의 확인을 받기 위해 찾아왔습니다."

그분의 직장은 남부러울 것이 없었다. 그분은 자신에게 주어진 권세를 즐기며 주어진 업무에 충실하였다. 그동안 자기 직장에 대해 회의나 갈등을 가진 적은 한 번도 없었다. 그러나 주님을 만나 뵙고 나니 모든 것이 달라졌다. 주님의 말씀에 자신을 비추어 보며 비로소 자신의 직무에 대해 깊은 양심의 가책을 느꼈다. 그렇다고 철저한 위계질서의 조직 속에서 상사의 명령이나 뜻을 거슬러 직무를 행할 수도 없었다. 오랜 번민 끝에 마침내 그분은 사직하기로 결단을 내렸다. 무의미했던 옛 삶을 버리기로 작정한 것이다. 사생의 매듭을 맺은 것이다. 40대의 가장이 대책도 없이 직장을 버린다는 것은 쉽지 않았지만, 그러나 바른 크리스천으로 사는 길은 그 길뿐이었다. 주님을 몰랐다면 모르되 주님을 만난 이상, 알면서도 자신의 인생을 계속 허비할 수는 없었다. 그분은 사직을 결심한 즉시 자신의 생각이 틀리지 않았음을 확인 받기 위해 나를 찾아온 것이었다. 내가 그분에게 말했다.

"잘 생각하셨습니다. 주저 없이 사표를 제출하십시오. 살아 계신 주님께서 성도님의 앞날과 가정을 반드시 책임져 주실 것입니다."

그분은 그날 밤 자신의 결심을 아내에게 털어놓았다. 감사하게도 아내는 남편을 만류하기보다 오히려 격려해 주었다. 이튿날 그는 정들었던 직장을 떠났다. 욕망의 노예살이를 하던 옛 사람이 주님 안에서 죽은 것이다. 그러나 딱히 할 일이 기다리고 있는 것은 아니었다. 한동안 혹독한 시련이 그를 괴롭혔지만 주님을 향한 그의 중심은 조금도 흔들리지 않았다. 주님께서는 인생광야에서 그의 안과 밖을 정금처럼 단련하신 후 그의 생을 가나안으로 인도해 주셨다. 그의 삶이 지금 얼마나 아름답고 향기로운지 모른다.

> 아버지께서 나를 사랑하시는 것은 내가 다시 목숨을 얻기 위하여 목숨을 버림이라(요 10:17).

그는 옛 목숨을 버림으로 전혀 새로운 목숨의 기쁨을 얻었다. 보석보다 더 아름다운 사생의 매듭이었다.

주님의교회에서 10년에 걸친 임기가 끝나기 직전이었다. 수요성경공부 직후 한 여집사님이 자신의 직장 동료와 함께 내 사무실을 찾았다. 그 직장 동료의 가정은 남편의 부도로 인해 파탄에 이르러 있었다. 남편은 수감되었고, 집은 경매 처분당했으며, 돈이 될 만한 것이라곤 하나도 남지 않았다. 설상가상으로 직장생활 하던 그녀의 봉급까지 차압 상태에 있었다. 그 상태에서 어린 자식과 함께 생존할 수 있는 길이라곤 이혼밖에 없었다. 아니, 무책임한 남편과 더 이상 살고 싶은 생각이 추호도 없었다. 그녀의 생각을 안 집사님이 그녀에게 권했다. 이혼은 언제든 할 수 있으므로 그 전에 먼저 예수님을 믿어 보라고 말이다. 계속된 집사님의 권유에 그녀는 단 한 번이란 조건 하에 집사님을 따라 수요성경공부에 참여했다. 바로 그날 살아 계신 주님께서 그녀의 심령을 붙들어 주신 것이었다. 그녀가 내게 물었다.

"목사님, 한 가지만 묻겠습니다. 제가 예수님을 믿으면, 예수님께서 정말 무너진 제 가정을 바로 세워 주시겠습니까?"

"물론입니다. 이것은 제 말이 아닙니다. 주님께서, '주 예수를 믿으라 그리하면 너와 네 집이 구원을 얻으리라' 하고 약속하셨습니다. 주님을 믿고 주님의 말씀을 좇아 사십시오. 주님께서 반드시 자매님의 남편과 가정을 바로 세워 주실 것입니다."

자식과 생존하기 위해 이혼하려던 그녀는 그날로 주님 안에서 죽었다. 대신 그녀는 주님을 인생의 주인으로 모시고 주님의 말씀을 좇아 사는 크리스천이 되었다. 사생의 매듭이 맺어진 것이다. 살아 계신 주님께서 그녀의 인생을 책임져 주셨음은 물론이다. 복역을 마치고 나온 남편 역시 착실한 크리스천이 되었고, 가정은 주님 안에서 주님의 가정으로 회복되었다. 그녀 역시 자신의 목숨을 버림으로 주님 안에서 새 목숨의 기쁨을 얻고 누리게 되었다.

이상 언급한 세 가지 예는 나의 전도사 시절과 주님의교회 초기 및 퇴임 전의 경험을 시기별로 나누어 들었을 뿐, 지난 목회 기간 동안 부활하신 주님께서 당신의 생명으로 바로 세워 주신 개인과 가정 혹은 단체가 얼마나 많았는지는 이루 헤아릴 수조차 없다. 더 이상 남의 이야기를 할 필요가 없다. 부활하신 주님께서는 나처럼 허랑방탕하던 인간에게도 새 생명을 주시고, 전혀 새로운 삶을 사는 은총을 거저 베풀어 주셨다.

나는 모태신앙인이었음에도 깊은 방탕의 늪을 헤맨 적이 있었다. 매일 술독에 빠져 사는가 하면, 하루저녁에 집 한 채 값이 왔다 갔다 하는 도박을 며칠씩 계속하기도 했다. 급기야는 마리화나에까지 손을 대었다. 그러나 이상하게도 마리화나는 역겨워 몇 차례 흡입하다 그만두고 말았다. 만약 그때 오늘날처럼 마약이 퍼져 있었더라면, 나는 필경 마약중독자가 되어 지금쯤은 아무 쓸모없는 폐인이 되고 말았을 것이다. 당시 나의 삶은 한마디로 짐승보다 못한 삶이었다.

그럼에도 불구하고 주님께서는 아내를 통해 당신의 생명의 빛을 내게 비추어 주셨다. 그 생명의 빛에 나 자신을 맡겼을 때 주님께서는 나를 억누르고 있던 죽음과 어둠의 권세를 모두 몰아내어 주셨다. 이제 내게는 더 이상 도박할 손이 없다. 더 이상 술을 마실 입도, 마리화나를 흡입할 폐도 없다. 그때의 나는 이미 죽었고, 주님의 생명이 나의 손과 입, 그리고 폐를 새롭게 소생시켜 주셨기 때문이다. 나처럼 백해무익하던 인간도 이처럼 주님 안에서 새 생명의 기쁨을 누리고 살 수 있다면, 부활하신 주님 안에서 새로워지지 못할 인간이 이 세상 어디에 있겠는가?

부활의 생명은 결코 죽은 뒤에야 주어지는 피안의 약속이 아니다. 우리에게 임하신 주님의 생명에 응답하기만 하면, 우리는 이 땅에서부터 새로운 부활의 삶을 살 수 있다. 부활하신 주님께서는 박제품이 아니라 오늘도 살아 역사하시는 참 생명이시기 때문이다. 중요한 것은 자기 육체의 생명이든, 혹은 자신의 지나온 삶이든, 자신이 허망한 에노스에 지나지 않음을 자각하는 것이다. 에노스임을 자각한 자만 참 생명을 필요로 함은 물론이요, 허망한 에노스의 허물을 벗어던지고 그 생명에 바르게 응답할 수 있다.

그런즉 누구든지 그리스도 안에 있으면 새로운 피조물이라 이전 것은 지나갔으니 보라 새것이 되었도다(고후 5:17).

6
'바보처럼 살았군요'

믿음이란 깨달음, 전적 신뢰, 순종의 순서로 진전된다. 자신이 에노 스란 자각과, 예수님께서 에노스를 위한 구원자시란 깨달음으로부터 믿음은 시작된다. 그 깨달음은 구원자이신 주님에 대한 전적 신뢰, 즉 주님에 대한 완전한 자기 의탁으로 이어지고, 그 신뢰는 또 주님께 대 한 순종으로 귀결된다. 여기에서 순종이란 주님의 말씀에 대한 순종, 즉 주님의 말씀을 귀로만 듣는 것이 아니라 온 삶으로 듣는 순종이다. 죽음의 자각을 통해 생명을 알게 된 자가 생명의 말씀에 순종하여 생명 의 삶을 사는 것은 너무나도 당연한 일이다. 그것이 생명의 특성이다. 그렇다면 이제 서두에서 제기되었던 질문의 답은 확연해진다. 하나님 을 믿는다면서도 하나님의 말씀을 좇아 살려 하지는 않는다면, 그것은 아직 자신이 에노스임을 자각하지 못했기 때문이다. 그는 산 것 같으나

실은 죽은 자요, 더 큰 불행은 죽은 자면서도 죽은 자라는 사실 자체를 깨닫지 못하는 것이다. 그래서 사생의 매듭이 중요하다. 죽음의 자각이 생명의 텃밭이 되는 까닭이다.

독일이 통일되기 이전의 베를린은, 총 길이 155킬로미터에 이르는 콘크리트 장벽에 의해 동서로 분단되어 있었다. 그 장벽 한가운데 동서를 연결하는 검문소가 있었는데, 미군 관할의 서 베를린 쪽 검문소의 공식명칭은 '체크포인트 찰리'(Checkpoint Charlie)였다. 1989년 11월 9일 베를린장벽 붕괴 이후 동 베를린에 속해 있던 검문소는 철거되었지만, '체크포인트 찰리'는 자유의 상징으로 그대로 보존되어 있다. 근처 기념관에는, 동 베를린 시민들이 자유를 찾아 죽음의 장벽을 넘기위해 벌였던 사투가 사진과 기록필름 등의 각종 자료로 생생하게 전시되어 있다. 어느 것 하나 심금을 울리지 않는 것이 없어 숨소리조차 제대로 낼 수 없을 정도다. 그 중에서도 유독 나의 시선을 끄는 포스터가따로 있었다. 처절한 사진이나 구호와는 전혀 거리가 먼 그 포스터엔 단지 다음과 같은 내용의 글이 적혀 있을 뿐이었다.

Tokyo(동경)	8,913Km
Peking(북경)	7,699Km
Moskau(모스코바)	1,605Km
Warshau(바르샤바)	520Km
Berlin(베를린)	1 Schritt(아인 슈리트:한 발자국)

동·서 베를린의 거리는 단 한 발자국에 지나지 않았지만, 그러나 한 발자국의 거리가 지구 반대편 동경보다 더 멀기만 했던 당시의 비극적 분단 상황을 웅변해 주는 더없이 좋은 포스터였다.

북한과 중국의 국경 지대에서도 같은 심정을 느꼈다. 중국 쪽에서 백두산 기슭을 따라 동쪽으로 돌아가면 두만강 발원지가 나온다. 그 이후부터는 두만강이 북한과 중국의 경계다. 그러나 그 직전은 백두산자락이 끝나는 지점으로 북한 땅과 중국 땅이 평지로 연결되어 있다. 중국 쪽에서 보면 그야말로 북한은 한 발자국 거리다. 철책이나 장벽이 가로막혀 있는 것도 아니다. 단지 그곳이 국경이라는 경계석만 서 있을 뿐이다. 그저 한 발자국을 떼기만 하면 북한 땅이다. 그러나 그 한 발자국의 거리 또한 지구 반대편보다 더 아득하기만 하다. 그 짧은 거리를 건너지 못해 혈육이, 민족이 생이별 상태에서 살아야 한다는 것은 얼마나 큰 비극인가?

그러나 부활하신 주님과 우리 사이의 거리는 한 발자국도 되지 않는다. 부활하신 주님께서 이미 우리 안에 와 계시기 때문이다.

> 조금 있으면 세상은 다시 나를 보지 못할 터이로되 너희는 나를 보리니 이는 내가 살았고 너희도 살겠음이라 그날에는 내가 아버지 안에, 너희가 내 안에, 내가 너희 안에 있는 것을 너희가 알리라(요 14:19-20).

이처럼 부활하신 주님과 우리 사이엔 단 1밀리미터의 거리도 없다.

서 베를린 사람들은 가로막힌 장벽으로 인해 한 걸음에 불과한 동 베를린으로 갈 수 없었고, 우리의 이산가족들은 중국까지 찾아가 북한 땅을 뻔히 보면서도 보이지 않는 국경선 때문에 그 한 발자국을 건너지 못한다. 그러나 부활하신 주님께서 이미 우리 속에 와 계심에도 자신이 에노스임을 자각하지 못해 주님을 외면하거나, 주님을 믿는다면서도 실제로는 자신의 욕망을 섬기느라 주님의 말씀을 단지 귀로 듣는 것만으로 그쳐 버린다면, 세상에 이보다 더 큰 비극이 또 어디에 있겠는가? 사생의 매듭을 맺지 못한 자가 아무리 열심을 다해 산다 한들 그의 인생은 죽음을 향해 치닫는 급행열차에 지나지 않을 것이다.

꽤 오래 전 미국행 비행기에서의 일이다. 저녁 식사를 마친 뒤 실내 등도 꺼진 취침 시간이었다. 한동안 잠을 자다 눈을 뜨니 여전히 한밤중이었다. 시계를 보니 한국 시간으로 밤 12시가 넘은 시각이었고, 주위의 승객들은 모두 잠들어 있었다. 앞쪽 화면에서는, 잠 못 이루는 승객들을 위해 KBS TV의 '열린 음악회' 녹화 필름이 방영되고 있었다. 다시 잠을 자려는 순간 '열린 음악회' 화면에 왕년의 가수 김도향 씨가 등장했다. 한때 내가 좋아하던 가수였는지라 나는 헤드폰을 찾아 머리에 썼다. 그가 열창한 노래는 자신의 히트송 '바보처럼 살았군요' 였다.

"난 참 바보처럼 살았군요. 난 참 바보처럼 살았군요."

모두가 잠든 깊고 깊은 밤, 망망한 태평양 상공에서 홀로 듣는 그 노래는 지나온 나의 인생을 되돌아보지 않을 수 없을 만큼 진한 호소력을 지니고 있었고, 노랫말은 구구절절 나의 폐부를 찔렀다. 나는 별이 무수히 빛나는 밤하늘 위에서 지난날 나의 삶을 내려다보며, 여전히 욕망

에 눈이 어두워 바보처럼 살고 있는 것은 아닌지 나 자신을 성찰하는
귀한 은혜의 시간을 가졌다.

미국 여행을 끝내고 귀국하는 날이었다. 비행기를 타고 자리에 앉아
오랜만에 한국 신문을 펼치는 순간, 신문 하단에 대문짝만하게 실린 광
고 문구가 나의 시선을 끌었다.

"바보처럼 살았군요."

출국 때엔 노래가 나를 사로잡더니, 귀국 비행기 속에서는 똑같은 내
용의 활자가 나를 기다리고 있는 것이었다. 자세히 살펴보니 이번에는
변비약 광고의 헤드카피였다. 그 광고의 바디카피는 다음과 같았다.

"이렇게 좋은 변비약이 있는지도 모르고, 매일 아침 화장실에서 그
토록 고생하며 살아온 난 참 바보처럼 살았군요."

그 문구로 인해 태평양을 횡단하는 내내 나는 다시 한 번 나 자신을
깊이 되돌아보게 되었다. 그것은 참으로 특별한 경험이요, 은혜였다.

　　어느 날 난 낙엽 지는 소리에
　　갑자기 텅 빈 내 마음을 보았죠.
　　그냥 덧없이 흘러 버린
　　그런 세월을 느낀 거죠.
　　저 떨어지는 낙엽처럼
　　그렇게 살아 버린 내 인생을
　　잃어버린 것이 아닐까.
　　늦어 버린 것이 아닐까.

흘러 버린 세월을 찾을 수만 있다면
얼마나 좋을까, 좋을까?
난 참 바보처럼 살았군요.
난 참 바보처럼 살았군요.
난 참 바보처럼 살았군요.
바보처럼, 바보처럼, 바보처럼.

혹 여태껏 바보처럼 살아온 것은 아닌가? 천년만년 살 것 같은 착각에 빠져, 물거품처럼 허망한 욕망을 위해 천하보다 귀한 생명을 허망하게 소진시켜 온 것은 아닌가? 그토록 열심히 살아온 생이 실은 공동묘지를 향한 질주였던 것은 아닌가? 지금까지 살아왔다는 것은 단지 관 속에 시체로 드러누울 시간이 그만큼 가까워졌다는 의미가 아닌가?

그렇다면 지금 초상집이나 아무 공동묘지를 찾아가 보라. 수의를 입고 관 속에 누워 있는 시체가, 무덤 속에서 이름 모를 벌레의 밥이 되어 썩어 가고 있는 시체가 미구에 나에게 닥칠 나 자신의 모습임을 확인하라. 나의 학벌, 재산, 경력, 신분이 어떠하든 나 자신은 고작 에노스에 지나지 않음을 겸손하게 고백하라. 사생의 매듭을 맺으라. 생명의 근원이신 여호와의 이름을 겸손하게 부르라. 하나님께서 나를 위해 이 땅에 보내신 주님께 나의 삶을 온전히 의탁하라.

그때부터 주님 안에서 전혀 새로운 생명의 삶을 누리게 될 것이며, 내 육체의 코끝에서 호흡이 멎는 그 순간 이후에도 나는 영원히 죽지 않을 것이다.

이 세상도, 그 정욕도 지나가되 오직 하나님의 뜻을 행하는 이
는 영원히 거하느니라(요일 2:17).

수준의 매듭

너희가 다 믿음으로 말미암아 그리스도 예수 안에서
하나님의 아들이 되었으니 누구든지 그리스도와 합하여
세례를 받은 자는 그리스도로 옷 입었느니라(갈 3:26-27).

1
절두산과 양화진

　내가 살고 있는 합정동은 강북 지역의 낙후 지역이다. 그러나 가톨릭 성지 절두산과 개신교 성지 양화진이 있어 더없이 소중한 곳이기도 하다. 유럽에는 가톨릭과 개신교 성지가 한곳에 있는 경우가 많다. 중세 개신교가 태동될 때 신·구교는 서로 상대를 제압하기 위해 군대를 동원, 처절하게 죽이고 죽은 불행한 역사를 지니고 있다. 그들은 모두 신앙의 기치 아래 하나님의 이름으로 싸웠기에 양측 전사자들은 예외 없이 순교자요, 전쟁터는 결과적으로 양측 모두에게 성지인 셈이다. 그러나 가톨릭과 개신교 사이에 전쟁을 치르지 않고서도 가톨릭 성지와 개신교 성지가 마주보고 있는 곳은 합정동이 세계적으로 거의 유례없는 곳이다.

　신·구교를 통틀어 한국 전체 교회사의 측면에서 보면 가톨릭 신자들의 순교지인 절두산은 선교 1세기의 성지요, 양화진 선교사묘지는 선교 2세기의 성지다. 그리고 나는 양화진 곁에서 선교 3세기를 살고 있다. 이곳에서 20년째 살고 있는 나는 절두산과 양화진이 어떻게 변모되어 가는지를 똑똑히 지켜보았다. 처음 이곳으로 이사 왔을 때 절두산과 양화진은 인공적인 손길이 거의 가미되지 않은 자연의 일부였다. 그래서 언제 찾아도 항상 영육 간에 포근함을 느낄 수 있었고, 죽음과 삶이 자연스럽게 어우러져 있는 절두산과 양화진은 더없이 좋은 신앙 교육장이요 인생사색장이었다.

세월이 경과하면서 두 곳을 찾는 참배객들이 점점 많아지자, 누가 먼저랄 것도 없이 두 곳 모두에서 성역화 작업이 시작되었다. 곳곳에 참배객의 행동을 제재하는 경고판이 설치되고 인간의 손길이 가해지면서 외관상으로는 더욱 성역다운 면모가 갖추어져 갔지만, 그러나 예전에 느낄 수 있었던 영적 포근함과 넉넉함은 자취를 감추고 말았다. 3년 동안 스위스를 다녀오니 특히 절두산에 더 큰 외적 변화가 있었다. 성당 앞쪽 기슭 아래 길이 약 37미터에 이르는 대형 콘크리트 야외 강단이 건축되어 있었다. 본래 공터였던 그곳엔 거대한 느티나무가 서 있었다. 1968년 서울시가 보호수로 지정할 당시 수령 230년이던 그 느티나무는 둘레가 3.48미터에 높이는 21미터나 되었다. 그 고목이 사람들에게 좋은 영적 쉼터를 제공했음은 물론이다. 그런데 절두산성당 측은 그 느티나무를 한가운데 두고 야외 강단을 만들었다. 이를테면 느티나무가 콘크리트 야외 강단 중앙에 갇혀 버린 꼴이었다. 그리고 2년이 채 되지 않아 266년이나 버텨 온 그 고목은 수량 부족과 콘크리트의 독성을 이기지 못해 고사, 말라 죽어 버리고 말았다. 뒤늦게 성당 측에서 고목 주위의 강단을 해체, 나무뿌리에 빗물이 스며들게 했지만 느티나무는 끝내 소생하지 않았다. 얼마나 목이 말랐던지 새카맣게 타 버린 나무껍질이 다닥다닥 터져 버리고 말았다. 거대한 콘크리트 강단에 갇혀 말라 죽은 수령 266년의 느티나무는, 신·구교를 막론하고 물량주의에 빠져 영적으로 시들어 가는 한국 교회의 상징처럼 보인다.

물론 양화진에도 변화가 있었다. 먼저 '외국인묘지'란 명칭의 팻말이 세워졌다. 선교사묘지와 외국인묘지는 단어의 차이만큼이나 느낌의 차이도 크다. 예전처럼 동네 아이들이 양화진 앞마당에서 논다는 것 역시 상상할 수도 없게 되었다. 그 대신 외국 선교사의 비석에 대통령 휘호가 등장하는가 하면 대형 교회 담임목사의 기념식수비도 세워졌다. 특정 교파 혹은 교회는 자신들과 관련 있는 선교사의 무덤에 자기 단체의 이름이 새겨진 비석을 세우거나 문장(紋章)을 붙였다. 고인이 된 선교사들의 뜻이나 정신과는 전혀 상관없이, 선교사 묘역이 산 사람들의 자기이름내기 경연장이 된 것이다. 이 또한 주님보다 자신을 더 내세우려는, 허세와 허명주의에 사로잡힌 한국 교회의 한 단면이 아닐 수 없다.

이런 관점에서 천주교와 개신교의 성지인 절두산과 양화진은 한국 교회 현실의 축소판이다. 그래서 두 곳을 산책할 때마다, 나 자신을 포함하여 한국 교회와 크리스천의 수준에 대한 상념을 떨쳐 버릴 수가 없다.

2
신분과 수준

    모든 신분은 그 신분에 걸맞은 수준을 요구한다. 따라서 신분이 변할 경우, 새로운 신분이 요구하는 수준을 스스로 갖추지 않으면 안 된다.

    우리 동네 종윤이는 일곱 살짜리 귀여운 사내아이다. 몇 년 전 유학 길에 오른 엄마를 따라 프랑스에 간 종윤이는 방학이면 엄마와 함께 한국을 찾는다. 그래서 같은 또래 아이들보다 한국말이 약간 서툰 종윤이의 표현은 듣는 이에게 큰 즐거움을 선사하곤 한다. 작년 여름방학 때의 일이다. 아내가 종윤 엄마와 이야기를 나누는데, 종윤이가 자꾸 '감자 후레낑'이 무엇인지 물었다. 아내도 종윤 엄마도 '감자 후레낑'이란 생판 처음 듣는 말이었다. 혹 감자로 만든 무슨 음식인가? 알고 보니 텔레비전에서 축구경기를 보던 종윤이가 '간접 프리킥'을 물었던 것이다. 하루는 종윤이가 '무한대'란 말을 배웠다. 아빠가 종윤이에게 물었다. "무한대가 무슨 뜻이지?" "더 이상 셀 수 없는 거야." "그럼 무한대보다 더 큰 수가 있을까?" "응." "그게 뭔데?" "무두대!" 그 말을 듣고 이번에는 내가 물었다. "그 다음은?" "무세대." 종윤이가 아빠 엄마의 친지들과 함께 자동차로 지방 여행을 갔다. 맑은 밤하늘엔 별들이 보석처럼 빛나고 있었다. 어른들이 그 광경에 감탄을 연발하자 종윤이가 말했다. "오늘은 밥을 적게 먹은 구름이 홀쭉해져서 별들이 많이 보이는 거야." 그 말을 들은 엄마가 종윤이에게 칭찬을 아끼지 않았다. "종윤아, 너 정말 시적이구나!" 엄마의 말이 떨어지기 무섭게 종윤이가 반발했다. "100점을 줘야지 10점이 뭐야?"

종윤이의 표현은 참으로 귀엽다. 그런데 그 표현이 왜 귀여운가? 1년의 대부분을 외국에서 살고 있는 일곱 살짜리 아이의 수준에 어울리기 때문이다. 이제 몇 년 지나지 않아 엄마의 공부가 끝나는 대로 종윤이는 영구 귀국하게 될 것이다. 그때 종윤이가 초등학교 고학년이 되어서도 계속 이런 식으로 표현한다면 귀엽기는커녕 오히려 크나큰 문제가 될 것이다.

중학교를 졸업하고 고등학생의 신분을 얻은 학생은 매사에 고등학생다운 수준을 지녀야 한다. 신분은 고등학생인데 언행의 수준이 초등학생 정도에 머물러 있다면, 정상아가 아닌 지진아임에 틀림없다. 그런 학생이 고등학교 생활을 제대로 감당할 리는 만무하다. 왕사님의 신덕으로 부엌데기에서 왕자비로 신분이 단번에 수직상승한 신데렐라가 새로운 신분을 즐기려고만 할 뿐, 왕자비의 신분에 부합하는 수준을 스스로 배양하려 하지 않는다면 그녀의 결혼생활은 이내 파경을 맞고 말

것이다.

크리스천인 우린 대체 어떤 존재인가? 우리는 본래 공동묘지에서 한 줌의 재로 끝날 에노스였다. 에노스의 신분으론 아무렇게나 살아도 상관없다. 어차피 물거품처럼 순식간에 사라져 버릴 에노스에게 무슨 수준이 달리 요구되겠는가? 그러나 에노스였던 우리가 예수 그리스도 안에서 하나님의 자녀로 신분이 바뀌었다. 신데렐라의 경우와는 비교도 할 수 없는 신분 상승이다. 신데렐라의 새로운 신분은 살아 있는 동안에만 유효한 반면, 우리가 얻은 신분은 영원한 하나님의 나라를 상속받은 영원한 신분이다. 이 엄청난 신분을 우리는 우리 자신의 노력에 의해서가 아니라 단지 믿음으로, 실은 그 믿음마저도 하나님의 선물이기에 오직 하나님의 은혜로 얻었다. 그렇다면 우리는 그 엄청난 신분에 걸맞은 수준을 스스로 추구하지 않으면 안 된다. 이른바 성화(聖化)란, 크리스천이 자기 신분의 의미와 가치를 알고 그에 상응하는 수준을 추구하는 것이다.

사도 바울은 크리스천의 정체성을 다음과 같이 정의하였다.

> 너희가 다 믿음으로 말미암아 그리스도 예수 안에서 하나님의 아들이 되었으니 누구든지 그리스도와 합하여 세례를 받은 자는 그리스도로 옷 입었느니라(갈 3:26-27).

크리스천이란 그리스도로 옷 입은 자다. 다시 말해 크리스천은 그리스도를 자신의 제복으로 삼은 자다. 이것은 에노스의 누더기를 걸치고 있던 우리에게 부활하신 예수 그리스도께서 친히 제복이 되어 주시기에 가능한 일이다. 그리스도의 제복은 별이 번쩍이는 군 장성의 제복과 견줄 바가 아니다. 천지를 창조하신 성자 하나님, 영원하신 그리스도를 제복으로 입은 자에게 이 세상 무엇이 두렵겠는가? 사망도, 환란도, 그 무엇도 두려울 것이 없다. 그리스도의 제복은 이 세상 모든 것을 제압하고도 남는다.

그러나 모든 제복에는 특권과 동시에 책임 및 의무가 부여된다. 경찰이나 의사처럼 제복을 착용하는 자들이 부도덕한 짓을 행할 때 사회로부터 더 큰 뭇매를 맞는 것은, 그들이 입고 있는 제복 자체가 그 제복의 신분에 부합되는 수준의 책임과 의무를 다하겠다는 공개적인 약속이기 때문이다. 크리스천이 똑같은 잘못을 범하고서도 불신자에 비해 몇 배의 비판을 사회로부터 받는 것 역시 같은 이유다. 크리스천은 그리스도의 제복을 입은 자요, 그것은 그 제복에 상응하는 수준의 삶을 살겠다는 대사회적 공표인 까닭이다. 그러므로 주님 안에서 하나님 자녀의 신분을 얻은 자는 자신의 제복이 요구하는 수준의 책임과 의무를 다하지 않으면 안 된다. '믿음으로 의롭다 함'(이신칭의:以信稱義)을 받았으므로, 이제부터 정말 의로워진 자답게 '성화'(聖化)의 삶을 실천하는 것이다.

오늘날 한국 교회와 교인의 문제는 주어진 신분을 노래하고 그 신분의 특권을 누리려고만 할 뿐, 새로운 신분에 합당한 수준의 삶을 구현하려 하지는 않는다는 것이다. 왕자비로 신분이 수직상승한 신데렐라가 계속 부엌데기 수준의 언저리에서 맴돈다면, 그것은 자기에게 주어진 신분의 의미를 모르거나 자신의 신분 상승을 믿지 못하기 때문이다. 그 어느 쪽이든 그의 결혼생활은 곧 파탄에 이르고 말 것이다. 하나님 자녀의 신분을 얻은 크리스천이 그에 걸맞은 수준의 구현을 백안시하는 것 역시, 주님 안에서 새로이 얻은 제복의 의미와 가치에 대한 몰이해나 불신으로 인함이다. 그런 크리스천이 아무리 많아져도 세상은 새로워지지 않는다. 자신이 입고 있는 그리스도의 제복에 걸맞은 수준을 추구하지 않는 크리스천은 성경이 말하는 크리스천일 수 없기 때문이다.

3
수준의 최종 목표

그리스도의 제복을 입은 크리스천이 자신의 신분에 상응하는 수준
을 추구한다는 것은 물론 그리스도의 말씀을 좇아 사는 것이다. 그리스
도의 말씀을 떠나서는 그리스도의 제복에 상응하는 수준의 삶이 수반
될 수가 없다. 그렇다면 크리스천이 그리스도의 말씀 안에서 추구해야
할 수준의 최종 목표, 궁극적인 지향점은 무엇인가?

우리는 이 이상 더 어린아이로 있어서는 안 됩니다. 우리는 인
간의 속임수나 간교한 술수에 빠져서, 온갖 교훈의 풍조에 흔들
리거나 이리저리 밀려다니거나 하지 말아야 합니다. 우리는 사
랑 안에서 진리를 말하면서, 모든 면에서 자라나서, 머리이신
그리스도에게까지 이르러야 합니다(엡 4:14-15/표준새번역).

하나님의 자녀라는 새로운 신분을 얻은 크리스천이 추구해야 할 수준의 최정점은 예수 그리스도시다. 우리가 예수 그리스도의 말씀을 좇아 사는 것은 모든 면에서 우리의 수준이 예수 그리스도에게까지 이르기 위함이다. 그 이유는 너무나 간단하다. 예수 그리스도께서 우리의 제복이시고, 우리는 그 제복에 대한 책임과 의무를 진 크리스천이기 때문이다. 그렇다면 우리가 말씀 안에서 예수 그리스도의 수준을 추구한다는 것은 또 구체적으로 무슨 의미인가?

한 율법사가 주님께 '계명 중 어떤 계명이 가장 큰 계명'인지, 다시 말해 가장 중요한 계명이 무엇인지 물었다. 이것은 겸손하게 주님의 가르침을 받기 위함이 아니라 주님을 올무에 빠트리기 위함이었다. 당시 율법사들은 하나님의 율법을 613개의 계명으로 세밀하게 분류하였다. 그것을 다시 적극적으로 준수해야 할 248개의 계명과 소극적으로 금해야 할 365개의 계명으로 나누었고, 그 중에서도 최우선적으로 지켜야 할 계명들을 따로 정해 두고 있었다. 그러므로 주님께서 어떤 대답을 하시든 율법사는 주님을 공박할 수 있었다. 예를 들어 주님께서 A계명이 가장 크다고 말씀하실 경우, 그렇다면 B계명은 중요하지 않다는 말이냐는 식의 반박이 이내 가능하였다. 언뜻 진퇴양난처럼 보이는 이 덫에 대한 주님의 답변은 쾌도난마처럼 명쾌했다.

> 네 마음을 다하고 목숨을 다하고 뜻을 다하여 주 너의 하나님을 사랑하라 하셨으니 이것이 크고 첫째 되는 계명이요(마 22:37-38)

주님께서는 당신의 말씀이 아니라 율법사들이 금과옥조로 삼고 있는 율법서의 계명으로 답변하신 바, 곧 신명기 6장 5절이었다.

너는 마음을 다하고 성품을 다하고 힘을 다하여 네 하나님 여호와를 사랑하라.

신명기와 마태복음이 각각 다른 언어인 히브리어와 헬라어로 기록되었음을 감안하면, 우리말 번역 상 동일한 단어가 사용되지는 않았더라도 두 원문의 뜻은 정확하게 일치함을 알 수 있다. 주님께서는 율법서를 인용하여 하나님을 사랑하는 것이 가장 큰 계명임을 밝히신 것이다. 그러나 주님의 답변은 그것으로 멈추지 않았다.

둘째는 그와 같으니(마 22:39상).

여기에서 '그와 같다'는 것은 '첫째와 같다'는 뜻으로, 둘째라고 해서 첫째보다 못한 것이 아니라 그 비중과 무게는 첫째와 동일하다는 말이다.

둘째는 그와 같으니 네 이웃을 네 몸과 같이 사랑하라 하셨으니 (마 22:39).

이 말씀 역시 율법서인 레위기의 인용이다.

이웃 사랑하기를 네 몸과 같이 하라 나는 여호와니라(레 19:18
하).

주님께서는 이처럼 '하나님 사랑'과 '사람 사랑'이 율법 중 가장 큰
계명임을 밝히시면서 그 근거를 모두 율법서, 즉 구약성경에서 찾으셨
다. 그리고 당신의 답변을 이렇게 마무리하셨다.

이 두 계명에 모든 율법과 예언자들의 본뜻이 달려 있다(마
22:40/표준새번역).

주님께서 이 땅에 계실 때에는 신약성경이 씌어지기 전이었다. 따라
서 주님께서 언급하신 '모든 율법과 예언자들'이란 율법서와 예언서로
이루어져 있는 구약성경을 의미하는 바, 주님께서는 구약성경 자체가
'하나님 사랑'과 '사람 사랑'의 두 기둥 위에 세워진 말씀의 집임을
밝히신 것이다. 주님의 이 답변 앞에서 주님을 올무에 빠트리려던 율법
사는 그 어떤 이의도 제기할 수 없었다. 그것이 바로 성경의 정곡이요
핵심이기 때문이었다.

'하나님 사랑'과 '사람 사랑'은 이 땅에 오신 주님께서 비로소 설파
하신 신약성경의 전유물이 아니다. '하나님 사랑'과 '사람 사랑'은 하
나님께서 구약시대부터 인간에게 요구하신 일관된 명령이고, 신·구약
성경 전체가 이 두 계명을 토대로 삼고 있다. 따라서 크리스천에게 '하
나님 사랑'과 '사람 사랑'은 동전의 양면처럼 불가분의 관계를 이루고

있다. 하나님을 사랑한다면 그 사랑은 반드시 사람 사랑으로 귀결되어야 하고, 사람을 사랑한다면 그 동인은 하나님에 대한 사랑이어야 한다. 그러므로 '하나님 사랑'과 '사람 사랑'이 자신의 삶 속에 한데 어우러져 있지 않는 크리스천이란 애당초 불가능하다. '하나님 사랑'과 '사람 사랑'은 크리스천의 의무요, 삶의 목적이요, 생의 동기이다.

이것을 이해하기 쉽도록 하나의 기호로 표현한다면, 영어 알파벳 X로 나타낼 수 있다. X는 두 개의 사선이 서로 어긋 만나는 형태를 이루고 있는데, 두 선의 접점을 기준으로 윗선과 아래선의 길이는 항상 동일하다. 윗선은 긴데 아래선이 짧거나, 반대로 아래선이 윗선보다 길 경우 그것은 X가 아니다. X는 언제나 아래 위 선의 길이가 정확하게 일치하지 않으면 안 된다.

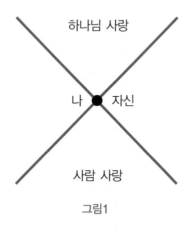

그림1

위의 그림1에서 보는 바와 같이 X를 이루고 있는 두 사선의 접점을 '나'라고 한다면, X의 윗부분은 '하나님 사랑'이요 아랫부분은 '사람 사랑'이 된다. 내가 하나님을 진정 사랑한다면, 아니 내가 하나님의 사랑을 얻고 누리고 있다면, 그 사랑의 길이만큼 그 사랑은 정확하게 사람 사랑으로 연결되어야 한다. 그 길이가 단축되거나 절단되어서는 크리스천의 삶일 수 없다. 반대로 사람을 사랑할 경우 그 사랑의 길이와 일치하는 하나님에 대한 사랑이 밑받침되지 않는다면, 그것은 단지 인간적인 사랑일 뿐 그리스도로 인한 크리스천의 사랑일 수는 없다.

그리스도를 가리키는 헬라어는 '크리스토스($X \rho \iota \sigma \tau \acute{o} \varsigma$)'다. 그래서 그리스도의 약자를 X로 표기한다. 주님께서 태어나신 크리스마스를 X-mas, 그리고 크리스천을 Xian으로 표기하는 까닭이 이것이다. 그리스도이신 주님께서는 어떤 분이신가? 한마디로 X의 삶을 사신 분이시다. 주님께서는 성부 하나님의 명령에 순종하시기 위해 성자 하나님이시면서도 인간의 몸을 입고 낮고 낮은 이 땅에 오시기까지 성부 하나님을 사랑하셨고, 하나님에 대한 주님의 사랑은 인간을 위한 사랑으로 나타났으니 인간을 살리시려 십자가에서 돌아가시기까지 인간을 사랑하셨다. 한마디로 '하나님 사랑'과 '사람 사랑'의 길이가 정확하게 일치하는 X의 삶으로 주님께서는 '크리스토스'가 되셨다(그림2). 따라서 크리스천이 그리스도의 수준을 추구한다는 것은 X(크리스토스)이신 주님을 본받아 '하나님 사랑'과 '사람 사랑', 즉 X의 삶을 실천해 가는 것이다. 크리스천(Xian)이란 X이신 그분을 주인으로 모시고, 그분을 자신의 제복으로 삼은 자기 때문이다.

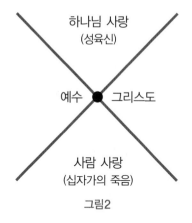

하나님 사랑
(성육신)

예수 ● 그리스도

사람 사랑
(십자가의 죽음)

그림2

다음은 하나님을 찬양하는 다윗의 시다.

> **나의** 힘이 되신 여호와여 **내가** 주를 사랑하나이다 여호와는 **나의** 반석이요 **나의** 요새시요 **나를** 건지시는 자시요 **나의** 하나님이시요 **나의** 피할 바위시요 **나의** 방패시요 **나의** 구원의 뿔이시요 **나의** 산성이시로다(시 18:1-2).

> 여호와는 **나의** 목자시니 **내가** 부족함이 없으리로다 그가 **나를** 푸른 초장에 누이시며 쉴 만한 물 가으로 인도하시는도다 내 영혼을 소생시키고 자기 이름을 위하여 의의 길로 인도하시는도다(시 23:1-3).

> 여호와는 **나의** 빛이요 **나의** 구원이시니 **내가** 누구를 두려워하리요 여호와는 내 생명의 능력이시니 **내가** 누구를 무서워하리

요(시 27:1).

다윗이 '하나님 사랑'을 노래한 시들로, 다윗에게 하나님은 한마디로 '나의 하나님'이다. 거기에 다른 사람은 그 누구도 개입할 틈이 없다. 이것은 다윗의 고백만이 아니다. 모든 인간의 신앙은 '나의 하나님'으로부터 시작한다. 왜 하나님께서 오늘 아침에도 동녘에서 해가 떠오르게 하셨는가? 나를 위해서! 왜 심산유곡 외딴 길에 아름다운 꽃들을 피우시는가? 언젠가 그곳을 지나갈 나를 위하여! 왜 밤하늘에 저토록 무수한 별들을 빛나게 하시는가? 혹 밤길을 걷게 될지도 모를 나를 위해! 이처럼 나를 사랑하시고 내가 사랑하는 '나의 하나님'에 대한 개인적인 고백과 체험은 크리스천에게 필수적이다. 이것이 결여된 신앙이란 관념적이고 추상적이게 마련이어서 사상누각이 될 수밖에 없다.

그러나 간과치 말아야 할 것은 '나의 하나님'에 대한 고백과 체험은 신앙의 동기요 시발점일 뿐, 결코 목적지거나 종착점이 아니라는 사실이다. 오늘날 크리스천의 문제는 X의 접점인 '나'를 하나님 사랑의 종점으로 삼으려는 데 있다. '나의 하나님'에 대한 신앙이 그 자체만으로 끝나 버릴 경우 그것은 기복주의와 구별되지 않는다. 그것은 X의 윗부분밖에 없는 기형적인 신앙, 왜곡된 신앙이기에 '사람 사랑'으로 이어질 도리가 없다. 자신을 '하나님 사랑'의 종점으로 삼은 기형적 신앙은 인간의 욕망과 이기심만을 부추기는 백해무익한 기복신앙에 지나지 않는다. 만약 다윗의 신앙이 '나의 하나님'을 찬양하는 것으로만 그쳤다면 그는 결코 신앙의 위인이 되지는 못했을 것이다.

여호와 **우리** 주여 주의 이름이 온 땅에 어찌 그리 아름다운지요 (시 8:1).

주께서 택하시고 가까이 오게 하사 주의 뜰에 거하게 하신 사람은 복이 있나이다 **우리가** 주의 집 곧 주의 성전의 아름다움으로 만족하리이다 **우리** 구원의 하나님이시여 땅의 모든 끝과 먼 바다에 있는 자의 의지할 주께서 의를 좇아 엄위하신 일로 **우리에게** 응답하시리이다(시 65:4-5).

동이 서에서 먼 것같이 **우리** 죄과를 **우리에게서** 멀리 옮기셨으며 아비가 자식을 불쌍히 여김같이 여호와께서 자기를 경외하는 자를 불쌍히 여기시나니 이는 저가 **우리의** 체질을 아시며 **우리가** 진토임을 기억하심이로다(시 103:12-14).

다윗의 '나의 하나님'에 대한 고백과 찬양은 '우리의 하나님'으로 진전되고 있다. 그의 '하나님 사랑'이 '사람 사랑'으로 발전된 것이다. 다윗은 스스로 '하나님 사랑'의 종착역으로 안주하려 하지 않고, 자신이 받은 하나님의 사랑을 타인에게 전하는 통로가 되었다. 3천 년이 지난 지금까지 그가 우리 신앙의 본이 될 수 있었던 까닭이 바로 이것이다. 그의 삶이 '하나님 사랑'과 '사람 사랑'의 균형을 갖춘 X의 삶이었기 때문이다(그림3).

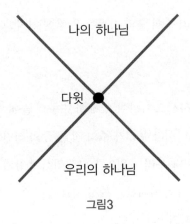

그림3

　주님께서 특별히 가르쳐 주신 기도의 모본, 즉 '주님의 기도'는 이렇
게 시작한다.

　　하늘에 계신 **우리** 아버지여

　'주님의 기도'는 '우리의 아버지', 다시 말해 '우리의 하나님'으로
부터 시작한다. 이것은 당시 거의 모든 인간의 기도가 '나의 하나님'
으로 끝나 버렸음을 의미한다. 하나님께서는 결코 나만의 하나님이 아
니시다. 하나님께서는 내가 하찮게 여기고 있는 그 사람의 하나님이시
기도 하고, 주님께서는 나만을 위해서가 아니라 내가 미워하는 그를 위
해서도 돌아가셨다. 아침에 뜨는 태양이나 밤하늘에 빛나는 별들은 나
만을 위해 존재하지 않는다. 내가 부정하고 있는 그를 위해서이기도 하

다. 이것을 깨닫지 않고서는 X의 사랑을 바르게 구현하는 크리스천이 될 수 없기에 '주님의 기도'는 '우리 아버지'로부터 시작하는 것이다.

오늘날 **우리에게** 일용할 양식을 주옵시고

주님께서는 '나'만이 아닌 '우리'의 일용할 양식을 위하여 기도하라 하신다. 온 세상 사람이 굶주림으로 허덕이는데도 자신의 배부름만 감사하는 자가 되어서는 진정한 X의 사람일 수 없다. '우리'의 생존을 위해 나의 것을 타인과 나눌 때 참된 그리스도의 사람(Xian)이 되는 것이다.

우리 죄를 사하여 주옵시고 **우리를** 시험에 들게 하지 마옵시고

어둠이 휩싸인 이 혼탁한 세상에서 나 홀로 구원받았음을 즐거워하는 것으로는 X이신 '크리스토스'를 좇는 사람이 아니다. 죄의 유혹에 침몰해 가는 자들에게 주님의 생명이 임할 수 있도록 자신을 생명의 통로로 내어놓는 자가 X의 사람이다. 이처럼 '주님의 기도'는 우리의 신앙이 '나의 하나님'에서 '우리의 하나님'으로 나아가기를, '하나님 사랑'과 '사람 사랑'이 철저하게 균형을 이루는 X의 삶이 될 것을 요청하고 있다.

바울은 주님의 이 요청에 바르게 응답한 진정한 X의 사람이었다. 바울이 사울로 불리던 청년 시절 그는 누구보다도 하나님을 열렬히 사랑

하였다. 그러나 불행히도 그때의 그에겐 X의 윗부분밖에 없었다. X의 아랫부분이 배제된 그의 하나님은 '나의 하나님'이었을 뿐이고, 자신이 하나님께 속한 것이 아니라 하나님을 자기 전유물로 여겼던 그는 이웃 사랑은커녕 도리어 하나님의 이름으로 크리스천들을 핍박하였다. 그러나 다마스쿠스 도상에서 주님을 인격적으로 만남으로 비로소 '우리의 하나님'에 눈뜬 그는 다음과 같이 고백하기에 이르렀다.

> 헬라인이나 야만이나 지혜 있는 자나 어리석은 자에게 다 내가 빚진 자라(롬 1:14).

그의 '하나님 사랑'은 이처럼 '사람 사랑'으로 확장되었다. 그러나 그의 '사람 사랑'은 자신의 입맛과 취향에 맞는, 소위 자신과 코드가 맞는 사람에게만 국한되지 않았다. 만약 그랬더라면 그의 삶은 X가 아니라 Y로 왜곡되고 말았을 것이다. 이웃을 사랑한다는 크리스천조차 실은 대부분의 경우 자신이 좋아하는 상대만 사랑한다. 그것은 주님께서 요구하신 삶이 아니다. 주님께서는 도리어 그 같은 삶을 질책하셨다.

> 너희가 너희를 사랑하는 사람만 사랑하면, 무슨 상을 받겠느냐? 세리도 그만큼은 하지 않느냐? 또한 너희가 너희 형제자매들에게만 인사를 하면서 지내면, 남보다 나을 것이 무엇이냐? 이방 사람들도 그만큼은 하지 않느냐?(마 5:46-47/표준새번역)

자신이 사랑할 가치가 있다고 생각하는 자만 사랑하는 것은 '짐승 같은 인간' (Yahoo)도 마다 않는 Y의 행위일 뿐 크리스천이 추구할 X의 삶은 아니다(그림4).

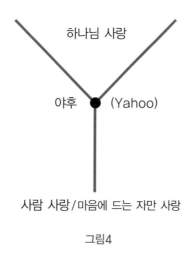

하나님 사랑

야후 (Yahoo)

사람 사랑 / 마음에 드는 자만 사랑

그림4

그러나 '우리의 하나님' 을 만난 이후 바울의 삶은 확연하게 달라졌다. 그의 '사람 사랑' 은 헬라인에서부터 시작하여 야만인까지, 지혜 있는 자로부터 어리석은 자에 이르기까지 모든 계층의 사람을 총망라하는, 문자 그대로 온전한 X의 사랑이었다. 그가 X이신 '크리스토스' 의 위대한 사도가 된 것은 결코 우연한 일이 아니었다(그림5).

그리스도 안에서 하나님 자녀의 신분을 얻고 그리스도의 제복을 입은 크리스천이 자기 신분에 걸맞은 수준을 추구한다는 것은 위에서 살펴본 것처럼, X이신 '크리스토스'를 본받아 X의 삶, 즉 '하나님 사랑'

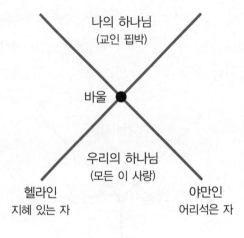

나의 하나님
(교인 핍박)

바울

우리의 하나님
(모든 이 사랑)

헬라인
지혜 있는 자

야만인
어리석은 자

그림5

과 '사람 사랑'을 구현하는 것이다. 어떤 크리스천도 여기에서 예외일 수는 없다. 하나님께서 우리에게 새로운 신분을 주신 까닭이 에노스의 이기적인 수준을 탈피하여 균형 있는 X의 삶을 살게 하시기 위함이다.

목사는 단순히 예배를 주관하거나 설교하는 자가 아니다. 목사는 목회의 현장에서 교인들을 위해 X의 삶을 사는 자다. 교사는 교단을 통해 X의 삶을 구현하는 자요, 예술가는 자신의 예술 행위를 도구 삼아 X의 삶을 펼치는 자며, 주부는 가정에서부터 X의 삶을 확산시키는 자다. 기독실업인은 흔히 오해하듯 돈으로 하나님께 영광 돌리는 자가 아니다. 그와 같은 그릇된 인식으로 인해 많은 기독실업인들이 부정직한 방법으로 부를 추구하면서도 그 중의 일부를 하나님께 바치는 것만으로 자신의 의무를 다한 양, 아무런 양심의 가책을 느끼지도 않는다. 그것은 하나님을 돈만 밝히는 모리배, 혹은 거지로 여기는 어리석은 짓이다. 다음 장에서 상세히 살펴보겠지만 하나님께서 요구하시는 것은 기독실업인의 돈이 아니라 삶, 즉 자기 기업을 통해 X를 구현하는 삶이다.

이처럼 크리스천의 수준은 X를 통해서만 드러난다. X이신 '크리스토스'를 주인으로 모신 크리스천에게 자신의 수준을 인정받는 다른 길이란 없다. 주님의 말씀처럼 X의 삶만이 성경의 정곡이요 핵심이기 때문이다. X의 길이가 길고 폭이 넓을수록 수준 높은 크리스천이요, 주님의 수준에 더 가까이 이른 성숙한 신앙인이다. 신앙의 참됨 여부와 성숙도는 교회 안에서의 태도가 아니라, 오직 교회 밖 평상의 삶을 통해 드러나는 X의 크기로만 판가름된다.

4
자기 수준의 자기 점검

믿음과 종교심

　하나님을 열렬히 사랑하는 사람들 가운데 '하나님 사랑'이 '사람 사랑'으로 연결되지 않는 자가 의외로 많다. 이를테면 X의 윗부분만 있는 경우다. 그것은 인간의 종교심일 뿐 성경이 요구하는 참 믿음이 아니다. 구체적인 예를 통해 생각해 보자.

　로마가톨릭에는 카스트라토(castrato)가 있었다. 요즈음은 여자 음성으로 노래하는 남자 가수를 일컫지만, 원래는 소년 시절의 미성(美聲)이 성인이 된 후에도 변치 않도록 거세당한 남자 가수를 일컫는 용어였다. 소년들의 노래는 천사 소리처럼 아름답다. 그러나 아름다운 소년의 음성은 사춘기를 거치면서 굵고 강하게 변한다. 하나님께 좀더 아름다운 노래를 바치기 원하던 로마가톨릭 교황청은 1562년 소년합창단원들을 거세하기 시작했다. 변함없는 소년의 미성으로 찬양을 드리게 하기 위함이었다. 흔히 거세라면, 절대 권력자인 왕이 자신의 여자들을 건드리지 못하도록 궁중 남자들의 남성을 지워 버린 내시를 연상하기 쉽다. 그러나 궁중에서나 가해지는 줄 알았던 거세가 거룩한 교회에서 자행된 것이다. 1903년 교황 비오 10세에 의해 금지되기까지, 카스트라토는 무려 340년간이나 계속되었다. 그동안 하나님의 이름으로 거세당한 소년들의 수가 얼마나 많았을지는 정확하게 알 도리가 없다.

과연 하나님께서는 거세당한 카스트라토의 찬양을 기뻐 받으셨을까? 그럴 리 만무하다. 만약 하나님께서 소년의 미성에만 집착하는 분이시라면, 애당초 인간을 창조하실 때 인간에게 변성기를 허락하셨을 까닭이 없다. 하나님께서 인간에게 변성기를 주신 것은, 인간 육체의 성장과 더불어 목소리 또한 어른스럽게 성장하기를 원하시기 때문이 아닌가? 그렇다면 남의 귀한 자식을 성 불구자로 만드는 폭력은 과연 누구를 위함이었는가? 결국 하나님의 이름을 빙자하여 인간 자신들이 원하는 노래를 듣기 위함이었을 따름이다. 그것은 허울 좋은 종교심일 뿐 하나님에 대한 사랑도, 참 믿음도 아니다. 그와 같은 자기중심적 종교심으로는 X의 아랫부분, 즉 '사람 사랑'은 가당찮다. 이웃을 자신의 몸처럼 사랑하기는커녕, 자신의 목적 성취를 위해서라면 인간에 대한 폭력을 언제든 서슴지 않을 것이다. 꽃봉오리 같은 어린 소년에게 하나님의 이름으로 거세의 폭력을 가하는 자가 하나님의 이름으로 누구에게 무슨 짓인들 못하겠는가?

전도를 국법으로 엄히 금하는 나라의 관광지에 하루 종일 복음성가를 틀어 놓고 있는 한인 식당이 있다. 식당 내부는 말할 것도 없고 아예 스피커를 밖으로 연결, 외부 사람들도 복음성가를 듣게 해 놓았다. 하나님에 대한 사랑이 웬만치 않고는 그 나라의 엄한 국법에 비추어 언감생심 생각하기조차 어려운 일이다. 지난해 내가 그 식당을 찾던 날에도 실내·외 스피커에서는 경쾌한 복음성가가 울려 퍼지고 있었고, 식당 내부는 온통 성경구절로 가득 차 있었다. 주인 집사님에게 이렇게 공개적으로 복음성가를 틀어도 괜찮으냐고 묻자, 이곳에 온 목적이 선교를 위함인데 당연히 해야 할 일이 아니겠느냐고 했다. 그리고 자신이 한국에서 다니던 교회 목사님을 모시고 개업예배를 드릴 때, 목사님이 한국에서 손수 가져왔다는 거울을 자랑스레 가리켰다. 그 거울에는 '○○○집사 선교사 파송예배'라고 씌어 있었다. 말하자면 그 집사님은 단순한 식당 주인이 아니라, 주님을 위해 그곳에 파송된 자비량선교사인 셈이었다. 그분의 '하나님 사랑'을 충분히 짐작게 하는 대목이었다.

우리 일행 5명이 식탁에 앉자 물이 나왔는데 공교롭게도 물 속에 더러운 찌꺼기가 들어 있었다. 주인 집사님이 네 번이나 컵을 바꾸어 주었지만 찌꺼기는 계속 나왔다. 어쩔 수 없이 손으로 찌꺼기를 건져 내고 물을 마셔야 했다. 곧이어 두 사람의 손님이 또 들어왔다. 그때는 점심시간이 끝날 무렵이어서 마지막 두 손님까지 맞기에는 남은 밥이 부족했지만 주인은 개의치 않았다. 남아 있는 밥 여섯 그릇 중 두 그릇은 마지막 두 손님에게, 우리 일행 다섯 명에게는 네 그릇만 주었다. 우리 일행 몫인 밥 한 그릇을 늦게 온 손님에게 빼돌린 대신 그쪽 식탁엔 주문받은 찌개 외에는 밑반찬을 주지 않았다. 밑반찬도 동이 났던 것이다. 화가 난 그쪽 손님들이 주인을 향해 욕을 내뱉었음은 물론이다. 식사 후에 커피와 차를 주었는데 얼마나 싸구려 종이컵이었던지 역한 기름 냄새로 인해 입에 댈 수조차 없었다. 그런데도 식사비는 다른 식당의 2.5배에 달했다. 그 식당을 나오며, 내가 식당 주인과 같은 크리스천이라는 사실이 얼마나 부끄러웠는지 모른다.

하나님을 사랑하는 크리스천이 식당을 경영할 경우, 그의 '하나님 사랑'은 자기 식당을 찾는 '사람 사랑'으로 나타나야 한다. 가장 청결한 분위기로, 깨끗하고 정성스럽게 만들어진 음식으로, 적정한 가격으로, 지성을 다하는 마음으로 손님을 섬겨야 한다. 식당 손님은 자신이 일차적으로 사랑해야 할 이웃이요, 식당은 곧 자신의 선교지기 때문이다. 그러나 위에서 언급한 식당 주인에게는 '하나님 사랑'과 '사람 사랑'이 철저하게 분리되어 있었다. 그에게 손님은 단지 자신의 영리 추구를 위한 도구에 지나지 않았다. 그가 하나님에 대한 뜨거운 사랑으로 이역 땅에 식당을 개업하고, 그 내부를 온통 성경말씀으로 장식하고, 선교를 위해 복음성가를 아무리 크게 튼다 한들, X의 아랫부분을 결여한 그의 '하나님 사랑' 역시 인간의 열심에 바탕을 둔 자기중심적 종교심일 뿐이다.

우리 일행 중 우리를 그 식당으로 안내했던 형제의 자괴심은 더 컸던 모양이다. 그는 숙소로 돌아와 식당 주인에게 전화를 걸었다. 앞으로도 선교적 사명으로 복음성가를 계속 틀려면 그런 식으로 장사하지 말고, 그러지 않으려면 차라리 복음성가를 중지하라고 권했다. 이에 대한 식당 주인의 대답이 놀라웠다. 복음성가를 트는 것은 다른 테이프가 없기 때문이요, 자신은 단지 식당 주인일 뿐 선교와는 아무 상관이 없다는 것이었다. 조금 전 'OOO 집사 선교사 파송예배'라 씌어진 거울을 자랑스레 가리키며 자신이 그곳에 개업한 목적은 선교를 위함이라고 당당하게 밝히던 것과는 너무나도 동떨어진 대답이었다.

그러나 한심하기 짝이 없어 보이는 그 식당 주인의 모습은 실은 우리 대부분의 자화상이기도 하다. 하나님에 대한 사랑은 누구보다 열심이면서도, 하나님의 명령을 좇아 사람을 사랑하기보다는 자기 욕망을 위해 끊임없이 사람을 이용하기만 하는 우리 자신 말이다. 그래서 우리의 '하나님 사랑'은 참된 믿음이 아니라, 필요하면 언제든 하나님마저 외면하는 자기중심적 종교심에 지나지 않는다. 인간의 종교심으로는 피라미드도 건축할 수 있다. 그러나 그것은 자기 부인이 배제된 자기 강화이기에 종교심이 깊어질수록 도리어 자신과 타인을 더욱 해칠 뿐이다. 그런 이기적 종교심으로 X의 수준이 구축될 리는 만무하다.

참고로 이와는 정반대의 식당을 소개한다. 다음 이야기는 미주 한국일보 정숙희 기자가 자신의 칼럼에서 '햄버거전도'란 제목으로 소개한 내용으로 당사자의 허락을 얻어 여기에 옮긴다.

'인 앤 아웃'(In N Out)은 한인들도 많이 찾는 햄버거 패스트푸드 레스토랑이다. 맥도날드나 버거킹 등 다른 햄버거 체인에 비해 맛도 있을 뿐더러 값싸고, 깨끗하고, 친절해 언제나 문전성시를 이룬다. 햄버거를 별로 안 좋아하는 사람들조차 "인 앤 아웃 버거는 먹고 싶다"고 하고, 아이들 등쌀에 일주일에 한 번씩 정기 방문한다는 사람도 있다. 신문사 동료들도 가끔씩 점심시간이면 "인 앤 아웃 먹으러 가자"고 몰려가는데, 한인타운에서 가까운 곳이 선셋과 라 브레아 교차로 한 군데뿐이다 보니 언제 가도 사람이 많아 자리 잡기가 수월치 않다. 여기뿐이랴. 인 앤 아웃은 가는 곳마다 줄을 서서 기다려야 먹을 수 있을 정도로 남녀노소 인종을 가리지 않고 인기 짱이다. 우리 생각 같아선 여기저기 좀더 많아져도 될 것 같은데 무리하게 확장하지 않고, 프랜차이즈화 하지 않는 것이 탄탄 경영 방침이란다.

인 앤 아웃 버거가 맛있는 이유는 냉동이나 가공되지 않은 신선한 재료를 사용하기 때문이다. 주방에서 종업원들이 생감자를 기계로 썩썩 잘라 내 기름에 튀겨 내고, 양상추를 손으로 먹음직스럽게 쪼개어 빵 사이에 집어넣는 모습은 언제나 쉽게 볼 수 있는 광경이다. 빵도 매일 새로 구운 것이고 햄버거패티는 100퍼센트 간 소고기로 만든다. 이 재료들이 매일 아침 배달되기 때문에 인 앤 아웃 스토어에는 마이크로웨이브 오븐이나 냉동고가 없는 것으로 유명하다. 여기까지 쓰고 보니 마치 내가 인 앤 아웃 광고 대리인으로 나선 것 같은데, 사실은 그게 아니라 다른 말을 쓰려다 장황해졌다.

우리 가족은 이곳에 갈 때마다 음료수 컵의 밑바닥에 새겨진 작은 글씨를 한번씩 확인하곤 한다.

'John 3:16'

성경 요한복음 3장 16절을 말하는 것이다. "하나님이 세상을 이처럼 사랑하사 독생자를 주셨으니 이는 저를 믿는 자마다 멸망치 않고 영생을 얻게 하려 하심이니라"라는 복음의 진수가 담긴 성경구절이다. 처음 이 글자를 발견했을 때는 왜 눈에 띄지 않는 바닥에 써 놓았을까 의아했다. 전도를 하고 싶으면 잘 보이는 데다 새겨 놓을 일이지 왜 하필이면 바닥인가. 그러나 조금 더 생각해 보니 크리스천 업주의 신앙과 기업정신이 세심하게 결합된 배려라고 느껴졌다. 업소를 찾는 타종교인 고객들에게 거부감을 주지 않으려는 프로 비즈니스맨십, 그러나 자신의 기업을 통해 세상이 복음화되기를 바라는 신앙인의 기도를 절묘하게 담은 작품인 것이다.

인 앤 아웃은 독실한 크리스천 가족이 경영하는 기업이다. 1948년 볼드윈 팍에서 캘리포니아 최초의 드라이브 스루 햄버거 스탠드(drive through hamburger stand)를 만든 것이 첫 업소였으며 그때부터 '가장 신선하고 질 좋은 음식, 친절한 서비스, 깨끗한 환경'이라는 비즈니스 철학을 50년이 지난 지금까지 성실하게 지켜 오고 있다. 다른 패스트푸드 업체보다 종업원 대우가 좋아서 이직률이 가장 낮은 것도 특징이고, 기업 이윤으로 '오른손이 하는 것을 왼손이 모르도록' 조용하게 자선 사업도 많이 하는 모범 기업으로 알려져 있다.

한인타운의 식당이나 소매 업소들에 가면 벽에 성경구절 액자를 걸어 놓은 모습을 종종 보게 된다. 가장 많이 눈에 띄는 구절이 "네 시작은 미약하였으나 네 나중은 심히 창대하리라"는 욥기서 구절. 그 외에도 "주의 은혜로 종의 집이 영원히 복을 받게 하옵소서" "너의 행사를 여호와께 맡기라 그리하면 너의 경영하는 것이 이루리라" "내가 반드시 너를 복 주고 복 주며 너를 번성케 하고 번성케 하리라" "사랑하는 자여 네 영혼이 잘됨같이 네가 범사에 잘되고 강건하기를 내가 간구하노라" 등 다분히 기복적인 내용들이 주를 이룬다.

미주 한인들은 교회에 다니는 사람이 많아서일까? 가는 곳곳마다 성경구절 액자가 너무 많이 걸려 있어 때로는 전도라기보다는 남발이라는 느낌마저 들기도 한다. 문제는 이런 곳에서 불친절이나 불성실을 경험하게 될 때 그 업소에 대한 이미지는 물론이고 기독교와 크리스천에 대한 이미지가 치명적이 될 수 있다는 점이다.

기독교에서는 성경구절을 단지 '글자'로 생각하지 않는다. 그것은 '말씀'이요, 그 '말씀'으로 천지가 창조되고, 복음이 전파되고, 세상이 구원받는다고 믿는다. 그 귀한 '말씀'을 좀더 귀하게 여겼으면 좋겠다. 아무 벽에나 장식처럼, 혹은 과시용으로 더덕더덕 붙이기보다는 마음 벽에 붙여 놓고 '말씀'이 가르치는 대로 장사하는 것이 좀더 모범적인 신앙인의 자세라고 여겨진다. '인 앤 아웃'처럼 유난 떨지 않고 조용히 그러나 분명하게 사회의 변화를 유도하는 한인 업체들이 많아졌으면 좋겠다.

이 글은 우리로 하여금 자기중심적인 종교심과 참된 믿음이 얼마나 역력한 차이를 지니고 있는지를 확인케 한다.

믿음과 박애심

사람들 가운데는 태어날 때부터 인간에 대한 관심과 사랑을 타고나는 사람들이 있다. 그런 자는 자기 관심의 대상을 위해 기꺼이 자신의 삶을 나눈다. 그러나 타인에 대한 사랑이 아무리 지고해도 그 사랑이 '하나님 사랑'에 뿌리 내리고 있지 않다면, 다시 말해 X의 윗부분 없이 아랫부분만 왕성하다면 그것은 인간의 박애심일 뿐 하나님께로부터 비롯된 아가페의 사랑은 아니다. 박애심의 원천은 인간이기에, 남달리 사람을 사랑하면서도 소위 자신과 코드가 맞지 않는 자와는 쉬 대립하기 마련이다. 그러나 하나님을 사랑하기 때문에 인간을 사랑하는 X의 사랑은 헬라인이나 야만인, 지혜 있는 자나 어리석은 자, 좌나 우, 진보나 보수를 모두 아우른다. 주님께서 급진주의자인 열심당원 시몬과 불의한 세리 마태, 아리마대의 거부 요셉과 갈릴리의 빈민 베드로, 존귀한 산헤드린 의원 니고데모와 비천한 창녀 막달라 마리아를 구별 없이 품으신 것처럼 말이다. 따라서 타인에 대한 사랑이 박애심과 X의 사랑 중 어느 쪽에 속한 것인지는 X의 윗부분이 있느냐 없느냐로 가려진다.

프랑스나 스위스 같은 서부 유럽에는 집 창틀마다 으레 예쁜 꽃들(hanging flowers)이 매달려 있다. 집 안에서는 보이지 않는 그 꽃들을 집주인이 정성스럽게 가꾸는 것은 집 바깥에 있는 사람들을 위해서다.

그곳의 집들이 마치 그림엽서처럼 한결같이 예쁘고도 감동적으로 다가오는 것은 단순히 집 모양이 아름다워서가 아니라, 꽃 한 송이로도 타인을 배려하려는 그들의 마음이 집 밖까지 여과 없이 배어나기 때문일 것이다. 서구 사회에서 가장 부러운 것이 이렇듯 남을 위하는 넉넉한 마음이다. 그러나 그 마음의 토대가 하나님인 것은 아니다. 대부분의 서구인들에게 하나님의 말씀이란 단지 박물관의 유물일 따름이요, 더 이상 신앙의 대상은 아니다. 그들에게 자기 자신 이외의 절대자는 존재하지 않는다. 그렇다면 그들이 오가는 사람들을 위해 예쁜 꽃으로 창밖을 장식하는 것은 단순한 박애심의 한 단면일 뿐, 이웃을 위한 진정한 X 사랑의 발로가 아님을 알 수 있다. 실제로 이웃집 사람보다는 자기 집 개를 더 귀히 여기는 그들의 이기적이고도 개인적인 풍속도가 이를 뒷받침해 주고 있다. 보다 확실한 증거는, 아프리카와 중동 그리고 아시아와 아메리카 대륙에서 수많은 원주민을 학살하고 땅과 부를 송두리째 강탈했던 그들의 전력이다.

우리 국민은 작년 6월, 한없이 선량해 보이던 꽃다운 청년의 비극적인 죽음을 접했다. 이라크의 무장테러단체인 '알 타우히드 왈 지하드'에 납치되어 피살당한 김선일 청년이다. 그의 '사람 사랑'은 남달랐다. 신학대학을 졸업한 그는 아랍인을 사랑하기 위해 다시 대학에 진학, 아랍어를 전공하였다. 그 이후 이라크인에 대한 사랑을 구체적으로 실천하기 위해 2003년 6월, 전쟁 중인 이라크에 자진 입국하여 미 군납 업체의 직원으로 일했다. 누구든 전쟁터를 군이 찾아가고 싶지 않은 것이 인지상정이다. 그런데도 그는 민간인 신분으로 오직 사람을 사랑하기

위해 전쟁 중인 나라를 자기 발로 찾아갔다. 그의 '사람 사랑'은 그 정
도로 타의 추종을 불허하였다. 그러나 그곳에서 근무 중 그는 불행히도
무장테러단체에 납치되고 말았다. 테러단에 의해 피살되기 전, 자신의
구명을 외치는 그의 동영상이 공개되어 보는 이들의 가슴이 미어지게
했다. "나는 살고 싶다"(I want to live) "나는 죽기 싫다"(I don't want
to die), 목이 쉬도록 절규하던 그의 마지막 모습은 아직도 우리의 뇌리
에 생생하기만 하다.

우리는 그동안 이라크의 테러단에게 살해당한 일본인, 미국인, 영국
인, 프랑스인, 이탈리아인 등, 여러 외국인의 마지막 모습을 TV를 통하
여 지켜보았다. 그들 역시 자국 정부나 국민에게 자신의 구명을 호소하
긴 했지만 그 누구도 김선일 청년처럼 울부짖지는 않았다. 그들 중 선
교사는 아무도 없었다. 그들은 모두 자신의 돈벌이나 직업을 위해 이라
크에서 일하던 사람들이었다. 그러나 그들의 마지막 언행은 김선일 청
년에 비하면 오히려 초연해 보이기까지 했다.

김선일 청년은, 드러난 신분은 무역 업체 직원이었지만 실제로는 선
교사였다. 선교사는 하나님을 사랑하는 자요 하나님께 자신의 생명을
맡긴 자이기에, '마음을 다하고 목숨을 다하고 뜻을 다하여 하나님을
사랑하는 것'이 몸에 배어 있어야 한다. 그러나 그는 마지막 죽음의 순
간에 자신의 죽음을 받아들이지 못했다. 하나님과의 관계에서 사생의
매듭이 결여되어 있었다. 다시 말해 '사람 사랑'에 대한 열정(X의 아랫
부분)에 비해 '하나님 사랑'(X의 윗부분)이 제대로 영글지 못한 상태였
다. 결과적으로 그의 이라크인 사랑은 X의 사랑이라기보다는 박애심

의 차원이었음을 알게 된다. 그는 주님 안에서 영원한 생명의 신분을 얻은 구원받은 크리스천이었지만, X의 수준을 갖춘 성숙한 선교사는 아직 아니었다.

만약 그가 참변을 당하지 않았던들 그의 열정이나 남다른 박애정신으로 미루어, 머지않아 '하나님 사랑'과 '사람 사랑'의 균형과 수준을 두루 갖춘 훌륭한 선교사가 되었을 것임에 틀림없다. 가슴 아프기 짝이 없는 것은, 그런 유능한 청년을 준비가 채 갖추어지기도 전에 선교의 미명으로 전장에 내몰아 목숨마저 잃게 하는 교계의 무책임한 현실이다. 자기 자식에게 시킬 수 없는 일이라면 남의 자식에게는 더더욱 시켜서는 안 된다. 단지 크리스천의 신분을 지녔다고 선동하듯 젊은이들을 오지로 몰아내는 것이 선교인 것은 결코 아니다. 젊은이들이 어떤 상황 속에서든 그리스도의 제자로 살아갈 수 있도록 그들로 하여금 먼저 X의 수준을 갖추게끔 도와주는 것으로부터 참된 선교는 시작된다. 주님께서 제자들과 3년간이나 함께 사셨던 것은 바로 이를 위함이었다. 진정한 선교는 극한 상황 속에서도 '하나님 사랑'과 '사람 사랑'을 동시에 실천하는 것이기에, X의 수준과 균형을 갖추지 않고서는 그 삶이 가능할 도리가 없다.

자기 점검의 척도

모든 크리스천은 자기 신앙의 수준을 스스로 점검하지 않으면 안 된다. 위에서 살펴본 것처럼 인간의 종교심이나 박애심을 참된 믿음과 혼

동, 무의식중에 자신의 신앙이 X의 윗부분이나 아랫부분을 결여한 기형으로 고착화될 수 있기 때문이다. 기형적인 신앙이 깊어질수록 그 후유증이 더 심각해짐은 두말할 나위도 없다. 그렇다고 아무 기준도 없이 자신의 수준을 점검할 수는 없다. 기준 없는 자기 점검은 오히려 신앙의 기형화를 더욱 심화시킬 뿐이다. 하나님께서는 이미 오래 전에 우리의 수준을 스스로 점검할 수 있는 바른 척도를 주셨다. 오늘날 대부분의 크리스천들이 유물 창고에 방치해 둔 십계명이 바로 그것이다.

성경이 하나님의 말씀이지만 하나님께서 당신의 손으로 직접 쓰신 것은 아니다. 약 1천5백 년에 걸쳐 40여 명의 사람들로 하여금 쓰게 하신 것이 현재 우리가 가지고 있는 방대한 분량의 성경이다. 그런데 그 방대한 내용 중에 하나님께서 유일하게 당신의 손으로 직접 쓰신 부분이 있다.

> 여호와께서 모세에게 이르시되 너는 산에 올라 내게로 와서 거기 있으라 너로 그들을 가르치려고 내가 율법과 계명을 친히 기록한 돌판을 네게 주리라(출 24:12).

> 여호와께서 두 돌판을 내게 주셨나니 그 판의 글은 하나님이 친수(親手)로 기록하신 것이요(신 9:10상).

하나님께서 십계명만은 사람의 손을 동원치 않으시고 당신의 친수(親手), 즉 당신의 손으로 친히 기록하셨다. 찰튼 헤스튼 주연의 영화

'십계'가 이 장면을 아주 극적으로 연출했었다. 하나님께서 불꽃의 형상으로 나타나 직접 바위에 십계명을 새기시는 것이었다. 요즈음은 십계명의 내용을 제대로 숙지하고 있는 크리스천조차 드문 실정이니 십계명을 좇아 산다는 것은 아득한 이야기가 되고 말았다. 십계명이 그처럼 무가치한 것이라면 하나님께서 당신의 친수로 기록하셨을 까닭이 없다. 성경에서 유일하게 십계명만은 하나님께서 직접 기록하신 것은 십계명이 그만큼 중요하기 때문이다. 그 중요한 십계명을 백안시하고서야 하나님 자녀의 신분에 걸맞은 수준을 어떻게 추구, 견지할 수 있겠는가?

하나님께서는 십계명을 두 돌판에 나누어 기록해 주신 바, 첫 번째 돌판에는 제1계명부터 제4계명까지 기록되어 있었다.

1. 너는 나 외에는 다른 신들을 네게 있게 말지니라.
2. 너를 위하여 새긴 우상을 만들지 말고 또 위로 하늘에 있는 것이나 아래로 땅에 있는 것이나 땅 아래 물속에 있는 것의 아무 형상이든지 만들지 말며 그것들에게 절하지 말며 그것들을 섬기지 말라.
3. 너는 너의 하나님 여호와의 이름을 망령되이 일컫지 말라.
4. 안식일을 기억하여 거룩히 지키라.

첫 번째 돌판의 네 계명은 '하나님 사랑'에 관한 하나님의 명령이다. 바로 X의 윗부분에 해당하는 명령이다. 따라서 우리는 이 계명들을 거울 삼아 우리의 '하나님 사랑', 즉 X의 윗부분 상태를 항상 점검해 보아야 한다. 여기에서는 첫째 계명과 둘째 계명에 관해서만 생각해 보자.

제1계명은 "나 외에는 다른 신들을 네게 있게 말라"는 것이다. 언뜻 이 세상에는 하나님 이외의 신들이 존재하고 있음을 하나님께서 스스로 밝히신 것처럼 보인다. 그러나 이것은 다른 신들의 존재를 인정하기 위함이 아니라, 인간들에게 하나님에 대한 바른 신관(神觀)을 지니도록 촉구하는 계명이다.

범죄로 인해 하나님을 상실한 인간들이 처음 가졌던 신관은 다신관(多神觀)이다. 그들에게 이 세상은 수많은 제신들(gods)의 세상이었다. 큰 바위도, 우람한 나무도, 신비한 산도 모두 신이었다. 신들이 많다 보니 각 신들이 차지하는 영역은 상대적으로 좁을 수밖에 없었다. 이 거리에서는 바위가 신인데, 저 거리에서는 나무가 신이라는 식이었다. 다신관에서 발전된 신관이 일신관(一神觀)이다. 한 부족이나 국가가 많은 제신들 가운데 그들의 마음에 드는 하나의 신(a god)을 선택하여 숭배하는 것이다. 이를테면 블레셋이 다곤을, 가나안 원주민이 바알을 숭배한 것과 같다. 한 부족이나 국가가 하나의 신을 섬기므로 다신 세계에 비해 신의 통치 영역이 늘어나긴 했지만 해당 부족이나 국가를 넘어설 수는 없었다.

이에 반해 하나님께서 인간에게 요구하신 신관은 유일신관(唯一神觀)이다. 천지만물을 창조, 주관하시는 하나님은 본래 유일하신 하나님(The God) 한 분밖에 없다는 것이다. 다신 세계인 이집트에서 노예살이 하던 이스라엘 백성을 해방시키신 하나님께서는 그들을 제일 먼저 홍해로 인도하셨다. 그리고 그 거대한 홍해를 가르심으로 이집트 군대의 추격으로부터 그들을 구원해 주셨다. 이스라엘 백성에게 바다의 주관자가 하나님이심을 보여 주시기 위함이었다. 시내광야에서 먹을 것이 떨어지자 하늘에서 만나와 메추라기를 내리심으로 하늘 역시 당신의 장중에 있음을, 그리고 마실 물이 없을 때엔 땅 위의 반석에서 생수가 터지게 하심으로 땅도 당신의 것임을 보여 주셨다. 한마디로 광야는 유일하신 하나님 당신을 이스라엘 백성의 심령에 각인시켜 주신 시청각 교육장이었다. 유일하신 하나님만이 하늘에서나 바다에서나 땅에서나 온전한 하나님이시다. 이 사실을 일깨워 주는 것이 십계명의 첫째 계명이다.

제2계명은 "새긴 우상을 만들거나 섬기지 말라"는 것이다. 적잖은 크리스천들이 '새긴 우상'을 타종교의 신상으로 오해하고 있다. 그래서 근본적인 신앙의 소유자 중에 간혹 불교사찰의 불상을 훼손하는 자도 있다. 만약 둘째 계명에 언급된 '새긴 우상'이 흔히 오해하듯 타종교의 신상을 뜻한다면, 그것은 하나님의 자기모순이 될 수밖에 없다. 제1계명을 통해 당신의 유일신 되심을 밝히신 하나님께서 곧 이어 타종교의 신상을 금하신다는 것은 얼마나 큰 이율배반인가? 그렇다면 제2계명의 '새긴 우상'이란 구체적으로 무엇을 의미하는가? 이 질문에 대하여 하나님께서 친히 답변해 주셨다.

너희는 나를 비겨서 은으로 신상이나 금으로 신상을 너희를 위하여 만들지 말고(출 20:23).

하나님께서는 이 땅의 어떤 형상으로도 우리 자신을 위해 하나님 당신의 상을 새기지 말 것을 명령하신 것이다. 이 세상의 그 무엇도 영원하신 하나님을 담을 수는 없다. 세상의 그 어떤 물질로 영이신 하나님을 온전히 드러낼 수도 없다. 따라서 세상의 유한한 것으로 무한하신 하나님을 형상화하려는 어리석음을 범치 말라는 것이 제2계명의 본뜻이다. 여기에서 우리는 중요한 사실을 깨닫게 된다. 우상은 손으로만 빚어 만드는 것이 아니다. 손으로 빚기 전에 실은 우리의 마음, 즉 이런 우상을 만들면 그 우상이 나에게 복을 주리란 마음이 먼저 우상을 만들고, 마음속의 우상이 손에 의해 형상화되는 것이다. 그렇다면 우리가 손으로는 우상을 만들지 않아도 우리의 마음으로는 우리 자신을 위해 얼마든지 하나님의 우상을 만들 수 있다.

나의 간증록인 《믿음의 글들, 나의 고백》을 읽은 분들 중, 그 책을 통해 나에 관해 모든 것을 다 알았다고 말하는 분들이 적잖다. 그러나 생각해 보자. 50년 이상 살아온 한 인간의 일생이 어떻게 200여 페이지에 불과한 한 권의 책 속에 온전히 담길 수 있겠는가? 결국 그 책을 통해 나를 완전히 파악했다고 여기는 사람은 도리어 나의 실상을 알기 어렵다. 그가 완전 파악했다는 것은 나의 실상이 아니라 그의 주관적인 판단이 빚어낸 나의 허상(우상)일 것이기 때문이다. 이와는 달리 그 책을 나에 대한 이해의 출발점으로 삼는 자가 있다면, 그는 세월의 흐름 속에서 나를 점점 더 정확하게 알게 될 것이다. 그에게는 자신이 빚어낸, 집착해야 할 나의 허상(우상)이 없기 때문이다. 사람간의 관계도 이와 같다면 하물며 하나님과 우리 사이야 두말해 무엇 하랴?

유한한 인간인 우리는 영원하시고 영이신 하나님을 결코 온전히 알 수 없다. 하나님께서 우리에게 성경을 주셨지만, 유한한 인간의 언어로 기록된 성경을 통하여 무한하신 하나님을 완전무결하게 이해한다는 것은 불가능하다. 피조물인 인간에게 창조주이신 하나님은 언제나 신비스런 초월자시다. 우리가 육체를 벗고 영으로 영이신 하나님을 뵈올 때까지는, 우리는 성경을 통해 하나님을 매일 알아 가야 한다. 만약 누군가가 하나님을 온전히 알았다고 단정한다면, 그 순간이야말로 그가 천지만물을 주관하시는 하나님과 가장 멀리 떨어져 있을 때다. 그는 지금 자신의 마음과 생각으로 빚어낸 하나님의 우상을 붙들고 있기 때문이다. 이런 관점에서 생각해 보면, 하나님에 대한 우리의 사랑이 특심할수록 우리 자신도 모르게 우리가 얼마나 자주 하나님의 우상을 만들고 있는지 깨닫게 된다.

하나님께서는 이 세상에서 자신을 가장 사랑하신다는 하나님의 우상을 붙들고 있는 자들이 있다. 도대체 무슨 근거로 60억 인구 가운데 하나님께서 자신을 가장 사랑하신단 말인가? 그처럼 자기중심적인 우상을 붙들고 있는 자에게 어떻게 진정한 '하나님 사랑'과 '사람 사랑'이 가능할 수 있겠는가?

자신이 하는 일이 가장 중요하고, 또 하나님께서 가장 기뻐하시는 일이라 확신하는 자들도 있다. 예를 들어 고아원 운영자 중에 고아원이 가장 중요하다고 역설하는 자가 있고, 하나님께서 가장 기뻐하시는 일은 양로원이라 주장하는 양로원 경영자도 있다. 아프리카 선교가 가장 시급하다는 선교사도 있고, 남미 선교보다 더 중한 일은 없다는 선교사도 있다. 그들은 자신이 하는 일을 하나님께서 가장 기뻐하시고 제일 중시하신다고 확신, 자신의 후원 요청에 응하지 않는 자의 믿음을 쉽게 폄하하거나 비판하기도 한다. 그 역시 자신을 위해 하나님의 우상을 새긴 결과다. 그런 우상을 지니고는 자신과 다른 사역에 헌신하는 자를 존중하거나 사랑할 수 없다. 주님께서는 특정 부류의 사람만을 위해서가 아니라 만인을 위해 이 땅에 오셨다. 주님께는 고아도 노인도 젊은 이도 아프리카 사람도 남미 사람도, 아니 모든 인간이 다 똑같이 소중한 생명이기에, 생명을 위하는 일이라면 모든 일이 한결같이 중요하다.

하나님께서는 언제나 자신만을 통해 역사하신다는 하나님의 우상을 품고 사는 자들도 있다. 교회나 선교회에 다툼이나 분열이 일어나는 이유는 대부분 이런 사람들 때문이다. 부부 중 한 사람이 이런 우상을 새길 경우에도 똑같은 문제가 발생한다. 하나님께서는 다윗을 사랑하셨지만, 그러나 언제나 다윗만을 통해 역사하신 것은 아니다. 다윗이 예루살렘 성전 건축을 계획했으나 하나님께서는 거절하셨다. 하나님께서 성전 건축을 위한 당신의 도구로 쓰신 자는 그의 아들 솔로몬이었다. 주님께서 3년 동안 숙식을 함께하며 열두 제자를 훈련시키셨지만, 막상 이방선교의 견인차로 쓰신 자는 엉뚱하게도 주님을 대적하던 바울이었다.

자신이 주님을 위해 일하는 이상 자신의 일은 반드시 흥해야 한다는 우상을 섬기는 자들도 있다. 과연 그런가? 결코 아니다. 내가 주님을 위해 일하기 때문에 얼마든지 실패하고 망할 수 있다. 나의 실패와 쇠망을 통해 주님의 더 큰 역사가 일어나는 경우가 허다하다. 세례요한은 주님의 길을 예비한 자다. 특별히 선택된 자가 아니고서는 꿈도 꿀 수 없는 일이다. 그래서 그가 흥했던가? 아니다. 세례요한 스스로 '주님은 흥해야 하고 자신은 쇠하여야 할 것'(요 3:30)을 잘 알고 있었고, 결국 그는 참수형을 당하고 말았다. 사도 바울 역시 마찬가지였다. 그러나 처참한 비극으로 보이는 그들의 생을 통해 하나님의 나라는 흥하게 되었다. 언제나 흥해야 할 것은 하나님의 나라다. 그 목적을 위해 나의 일은 얼마든지 쇠할 수 있다.

하나님을 위해 일하기에 자신이 현재 뿌리고 있는 씨앗의 열매를 반드시 보아야 한다는 우상에 빠진 자들도 있다. 봄에 농부가 뿌린 씨앗은 여름이 지나 가을이 되면 열매가 되어 농부에게 되돌아온다. 그러나 진리의 씨는 밭에 뿌린 곡식의 씨와 같지 않다. 때로는 그 해에 열매가 거두어지는 경우도 있지만, 결실하기까지 수십 년 혹은 수백 년이 걸리는 경우도 허다하다. 진리는 영원하기에, 이 세상을 떠나 하나님나라의 영원 속에서 그 열매를 확인하는 경우가 도리어 더 많다. 이집트의 노예살이에서 자기 백성을 해방시킨 모세는 그들을 가나안으로 인도하기 위해 40년 동안 광야에서 온갖 수고를 다했지만, 막상 그 자신은 가나안에 입성조차 못했다. 바울 역시 참수형을 당한 지 300년이 지나서야 그가 꿈꾸던 로마제국의 복음화가 이루어졌다. 그들은 모두 자신들이 뿌린 씨앗의 열매를 이 땅에서는 보지 못했지만 하나님나라의 영원 속에서 그 열매들을 확인한 자들이다. 이 땅에서 반드시 열매를 보아야 한다는 우상에 탐닉했던들 절대로 얻지 못했을 엄청난 기적의 열매들이었다.

그런즉 한 사람이 심고 다른 사람이 거둔다 하는 말이 옳도다
내가 너희로 노력지 아니한 것을 거두러 보내었노니 다른 사람
들은 노력하였고 너희는 그들의 노력한 것에 참예하였느니라
(요 4:37-38).

만약 내가 지금 어떤 열매를 거두고 있다면 그것은 내가 뿌린 씨의
열매라기보다는 이미 오래 전에 누군가가 뿌려 두었던 씨의 열매이기
가 쉽다. 마찬가지로 내가 지금 뿌리는 씨의 열매 역시 이 다음 누군가
다른 사람이 거둘 확률이 더 크다. "심은 대로 거둔다"(갈 6:7)는 것은
열매 자체에 대한 하나님의 약속이지, 뿌리는 자와 거두는 자가 동일하
다는 의미가 아니다. 이것을 깨달은 자가 변함없이 하나님을 사랑하며
진리의 씨를 항상 바르게 뿌릴 수 있다.

'하나님 사랑'과 관련된 네 계명 중 처음 두 계명의 거울에만 우리
자신을 비추어 보아도, 우리가 삶 속에서 우리 자신을 위해 얼마나 많
은 하나님의 우상을 새기며 살고 있는지 알게 된다. 우주만물의 주관자
이신 유일하신 하나님을 속단, 필요할 때마다 멋대로 하나님의 우상을
새기는 것은 실은 자기 자신이 하나님이 되어 있음을 의미한다. 본래
하나님께서 창조주시요 인간은 피조물이건만, 하나님의 우상을 임의
로 새기는 자에게는 그 자신이 창조자요 하나님은 피조물에 지나지 않
는다. 그런 자에게 바른 '하나님 사랑'이 가능할 리가 없다. '하나님
사랑'이 불가능한 자에게 참된 '사람 사랑'인들 또 어떻게 가능할 수
있겠는가?

자신이 하는 일이 가장 중요하고 그 일을 하나님께서 가장 기뻐하신 다고 확신하는 자가, 어찌 자신과 상이한 일을 행하는 자를 자기 몸처럼 존중하고 사랑할 수 있겠는가? 하나님께서 언제나 자신만을 통해 역사하신다고 맹신하는 자가, 어떻게 자신의 생각과 다른 사람을 수용하고 사랑할 수 있겠는가? 자신의 일은 필히 흥해야 하고 자신이 뿌린 씨앗의 열매는 반드시 자기 손으로 거두어야 한다는 집착에 빠진 자가, 어찌 자신의 목적 성취를 위해 수단과 방법을 가리지 않을 수 있겠는가? '하나님 사랑'과 관련된 첫 번째 돌판의 네 계명 앞에서 우리 자신을 늘 점검하지 않으면 안 될 이유가 여기에 있다.

하나님께서 친수로 기록하여 주신 두 번째 돌판에는 제5계명부터 제10계명까지의 내용이 담겨 있었다.

> 5. 네 부모를 공경하라.
> 6. 살인하지 말지니라.
> 7. 간음하지 말지니라.
> 8. 도적질하지 말지니라.
> 9. 네 이웃에 대해 거짓 증거하지 말지니라.
> 10. 네 이웃의 것을 탐내지 말지니라.

두 번째 돌판에 새겨진 여섯 계명은 '사람 사랑'에 대한 하나님의 명령이다. 그 여섯 계명의 제일 첫 번째 계명인 제5계명, 즉 '네 부모를 공경하라'는 계명에 대해서만 생각해 보기로 하자.

왜 하나님께서는 '사람 사랑'에 관한 계명을 주시면서, '네 부모를 공경하라'는 명령을 가장 윗자리에 올려 놓으셨을까? 자기 부모를 공경하지 않는 자가 타인을 진정으로 사랑한다는 것은 애당초 불가능하기 때문이다. 부모를 외면한 자가 남을 사랑하는 것은 주위 사람의 찬사에 기인한 자기만족의 추구일 뿐 진정한 사랑은 아니다. 흔히 나이 들어서도 자식의 효도를 받으려면 죽을 때까지 유산을 물려주지 말라는 말들을 한다. 돈 없이 늙고 병들어 쓸모없어 보이는 부모를 자식들이 얼마나 홀대하면 이런 이야기가 공공연히 회자되고 있겠는가? 그렇다면 부모가 죽을 때까지 재산을 움켜쥐고 있다 한들 실제로 자식의 효도를 받는 것은 아니다. 자식이 섬기는 것은 부모가 아니라 부모 주머니 속의 재물이기 때문이다. 그런 자식이 대체 어느 이웃을 자기 몸처럼 사랑할 수 있겠는가? 결국 자기 마음에 들거나 쓸모 있는 자를 편애할 뿐이다.

우리말 '공경하다'로 옮겨진 히브리어 '카바드'는 본래 '무겁다'는 뜻으로, 부모를 공경한다 함은 부모의 삶의 무게를 인정하고 존중한다는 것이다. 우리의 부모는 우리가 오늘 걷고 있는 인생길을 우리보다 훨씬 앞서 걸어간 분들이다. 그분들에겐 우리가 짐작할 수도, 도저히 흉내 낼 수도 없는 삶의 무게가 있다. 그 무게를 존중하면 노쇠하고 병약한 부모도 우러러야 할 인생의 스승이지만, 그 무게를 경홀히 여기는 자에게 힘없고 늙은 부모는 무거운 짐일 따름이다. 많은 자식들이 부모를 부담스러워하는 것은 결국 부모가 지닌 삶의 무게를 경시하는 까닭이다. 도대체 자신을 낳고 키워 준 부모의 삶의 무게를 대수롭지 않게 여기는 자가 어떻게 시장 바닥에서 장사하는 아주머니의 삶의 무게를 인정할 수 있으며, 우리보다 훨씬 못한 제3세계 빈민들의 삶의 무게를 진심으로 존중할 수 있겠는가?

1백여 년 전 사랑의 복음을 들고 이 땅을 찾았던 외국 선교사들의 헌신과 노고는 아무리 치하해도 부족할 것이다. 당시 외국인들에게 조선 땅은, 이미 수세기에 걸쳐 서구 백인들이 살기에 불편함이 없도록 개발된 아프리카보다도 못한 미개지였다. 그 시절 외국 선교사들이 이 땅에서 겪었던 가장 큰 어려움은 세 가지였다. 첫째, 밤에 두 다리를 뻗고 잠을 잘 수 없었다. 수원 민속촌에 보존되어 있는 옛 가옥을 보면 방의 크기가 얼마나 작은지, 요즈음 웬만한 청소년도 제대로 다리를 뻗고 누울 수 없을 정도다. 백 년 전만 하더라도 조선인의 신장이 그토록 작았다. 신장이 큰 외국 선교사들은 어쩔 수 없이 밤마다 다리를 웅크리고 자야만 했다. 하루 이틀도 아니고 허구한 날 웅크리고 잔다는 것은 고문 중의 고문이었다. 둘째, 재래식 변소의 고통이었다. 구더기가 뒤끓는 악취는 차치하고서도, 서양 좌식 화장실과는 달리 쪼그리고 앉아야만 하는 자세는 엄청난 고통이었다. 마지막으로는 음식의 고통이었다. 우리 음식은 세계적으로 유래가 없을 정도로 자극적인 냄새와 맛을 지니고 있다. 물론 우리에게는 더없이 깊고 그윽한 맛이요 냄새지만, 빵과 버터를 주식으로 삼던 외국인이 익숙해지기까지는 역시 크나큰 고통이었다. 이런 어려움을 마다 않고 조선인을 사랑하려 했던 그들의 열정은 너무나도 고귀하다. 그와 동시에 그분들에 대한 아쉬움도 있다.

당시 그분들이 보기에 조선 땅이 아무리 오지요 미개지였을지라도 5천 년이나 이 땅에서 살아온 조선인의 삶의 무게를 인정했더라면, 삶의 질곡까지도 존중했더라면, 오늘날 이 땅의 개신교가 반만년에 걸친 우리의 역사와 이렇듯 단절되지는 않았을 것이다. 개신교는 우리 조상 대대로 이어져 온 모든 삶의 전통과 관습을 송두리째 거부하였다. 예배당 건축 양식에서 예배음악이나 악기, 예복까지도 예외 없이 서양 것을 따랐다. 마치 그것이 바른 신앙의 표준인 것처럼 말이다. 천주교나 성공회가 초창기부터 조선의 문화와 전통을 존중했던 것과는 너무나도 대조적이다. 그 결과 오늘날의 개신교는 이 땅에서 자기 조상을 가장 경홀히 여기는 집단이 되었다. 천지를 창조하신 하나님께서 당신의 섭리에 따라 그분들을 통해 우리를 태어나게 하시고, 그분들이 살던 이 땅에 우리를 살게 하셨는데도 말이다. 이것은 초기 외국 선교사들이 우리 조상들의 삶의 무게를 전혀 인정하지 않았던 데서 연유하고 있다. 그분들이 조선인을 사랑했던 점은 부인할 수 없지만, 그러나 십계명의 거울 앞에 비추어볼 때 그 사랑이 온전한 X의 사랑이라기에는 미흡함이 적지 않다.

지금까지 살펴본 것처럼 십계명의 거울 앞에서만 진정한 '하나님 사랑'과 '사람 사랑'이 가능하다. 동시에 십계명은 '하나님 사랑'과 '사람 사랑'의 균형과 수준을 이룬 X의 삶 속에서 완성된다. 다시 말하면 '하나님 사랑'과 '사람 사랑', 그리고 십계명은 동전의 양면처럼 불가분의 관계를 이루고 있다.

피차 사랑의 빚 외에는 아무에게든지 아무 빚도 지지 말라 남을 사랑하는 자는 율법을 다 이루었느니라 간음하지 말라, 살인하지 말라, 도적질하지 말라, 탐내지 말라 한 것과 그 외에 다른 계명이 있을지라도 네 이웃을 네 자신과 같이 사랑하라 하신 그 말씀 가운데 다 들었느니라 사랑은 이웃에게 악을 행치 아니하나니 그러므로 사랑은 율법의 완성이니라(롬 13:8-10).

이웃을 자기 몸처럼 사랑하는 자는 이웃의 것을 탐하거나 도적질하지 않는다. 이웃을 사랑하는 자는 자신이 사랑하는 이웃의 아내와 불륜을 저지르지 않는다. 이웃을 사랑하는 자는 자신의 유익을 위해 이웃에게 해가 돌아갈 거짓말을 하지 않는다. 그래서 이웃을 자기 몸처럼 사랑하는 '사람 사랑' 안에서 십계명이, 그리고 십계명에 의해 '사람 사랑'과 십계명을 주신 '하나님 사랑'이 동시에 완성되는 것이다.

크리스천이 자기 믿음의 수준을 스스로 점검할 수 있는 거울이요 척도인 십계명의 중요성은 아무리 강조해도 지나침이 없다. 얼마나 중요하면 하나님께서 당신의 친수로 십계명을 새겨 주셨겠는가?

5
수준과 신분

모든 신분은 그 신분에 걸맞은 수준을 요구한다고 했다. 왜 그럴까? 신분에 합당한 수준이 뒤따를 때에만 신분의 참된 가치가 확증되기 때문이다. 수준을 먼저 요구하는 것은 신분이지만, 그 다음부턴 수준이 신분을 견인하게 된다. 왕자의 일방적인 선택으로 왕자비가 된 신데렐라는 새로운 신분이 요구하는 수준에 자신을 맞추어야 한다. 처음에는 고통스러울 수 있지만 마침내 그녀가 자기 신분에 걸맞은 수준에 이르게 되면, 자신이 갖춘 수준으로 인해 왕자비의 신분은 비로소 돋보이게 된다. 만약 그녀가 그 수준에 이르는 데 실패한다면, 왕자비의 신분은 그와 동떨어진 그녀의 수준으로 인해 조롱과 모멸의 대명사가 될 것이다.

공동묘지에서 한 줌의 재로 허망하게 끝나 버릴 에노스였던 우리가 예수 그리스도 안에서 하나님의 자녀란 영원한 신분을 얻었기에, 이제부터 우리는 그 신분이 요구하는 X의 수준을 구현하지 않으면 안 된다고 했다. 결코 잊지 말아야 할 것은, X의 수준을 견지할 때에만 우리에게 주어진 그 귀한 신분의 진정한 가치가 이 세상 속에서 확증된다는 사실이다. 오늘날 교회와 크리스천이 세상의 빛과 소금이기보다는 오히려 지탄과 비판의 대상이 되어 있다. 하나님의 자녀, 즉 크리스천이란 신분이 신분 그 자체의 귀함과 가치를 상실한 것이다. 그 이유가 무엇인가? 이미 언급한 바와 같이, 이 땅의 크리스천들이 주님의 은혜로 얻은 신분을 즐기고 누리려고만 할 뿐 그 신분이 요구하는 수준에는 전혀 무관심해 온 탓이다.

크리스천인 우리에게 신분은 더 이상 문제되지 않는다. 주님 안에서 구원받은 우리는 이미 하나님의 자녀로 확정되었다. 우리에게 남은 문제란 우리의 신분에 걸맞은 수준, 즉 X의 삶을 구현하는 것이고, 그 결과로 그릇된 우리의 삶에 의해 상실되었던 우리 신분의 참된 가치가 세상 속에서 회복될 것이다. 이런 의미에서 우리 각자가 바른 수준의 매듭, X의 매듭을 맺는 것은 더없이 중요하다. 이 매듭을 바르게 맺기 위해 우리가 반드시 유념해야 할 사항들이 있다.

첫째, X의 매듭은 항상 위에서부터 시작한다.

X를 아래에서 위로 올려 쓰는 자는 없다. 누구든 위에서 아래로 내려 쓰기 마련이다. 왼손으로 글을 쓰는 사람도 예외는 아니다. X의 수준을 구현하는 것도 이와 같다. X의 삶 역시 언제나 위에서부터 시작된다. X의 아랫부분, 즉 '사람 사랑'으로부터 '하나님 사랑'이 시작되는 것이

아니다. X의 윗부분, '하나님 사랑'이 있기에 '사람 사랑'이 수반되는 것이다.

> 유월절 전에 예수께서 자기가 세상을 떠나 아버지께로 돌아가
> 실 때가 이른 줄 아시고 세상에 있는 자기 사람들을 사랑하시되
> 끝까지 사랑하시니라(요 13:1).

주님께서 사람을 사랑하셨기에 하나님을 사랑하신 것이 아니다. 하나님을 먼저 사랑하셨기에 하나님께서 사랑하시는 사람들을 끝까지 사랑하신 것이다. 우리 역시 마찬가지다. 하나님을 사랑하기에 싫은 사람도 사랑하지 않을 수 없고, 하나님을 사랑함으로 인해 울면서도 사람을 사랑할 수밖에 없고, 하나님의 사랑 때문에 사람을 사랑하되 끝까지 사랑해야 한다. 하나님께서는 나만의 하나님이 아니라 우리의 하나님, 내가 싫어하는 그 사람의 하나님이시기도 하다. 아래로부터는 온전한 X의 매듭이 맺어질 수 없는 까닭이 여기에 있다.

둘째, X의 매듭을 구현하는 데는 부전승이 있을 수 없다.

X의 삶은 그냥 이루어지지 않는다. 예수님께서도 절로 X(그리스도)가 되신 것은 아니다. 인간을 사랑하기 위해 당신이 감수해야 할 십자가의 죽음을 목전에 두고 주님께서는 인간적인 고뇌로 심히 슬퍼하고 고민하셨다. 할 수만 있다면 십자가의 고난을 피하고 싶어 하셨다. 만약 그 고뇌와 번민의 하중을 이기지 못해 십자가를 외면하셨던들, 그분은 결코 X가 되실 수 없었을 것이다. 하나님을 향해 '어찌하여 나를 버

리셨나이까? 절규하실망정, 살고픈 당신을 철저하게 부인하심으로 그분은 X가 되셨다. 주님께서도 그 과정을 통해 X가 되셨다면 하물며 우리 같은 인간에게 어찌 부전승이 있을 수 있겠는가?

모범적으로 신앙생활을 하는 집사님이 있다. 주님을 영접한 이래 매사에 주님의 말씀대로 살기 애쓰는 그 집사님은 각각 다른 몇 개 업종의 업소를 운영하고 있다. 그 중 한 업소의 인근 빌딩에 동일 업종의 업소가 개업 준비 중임을 안 집사님은 해당 업소를 매각키로 했다. 지척 거리에 신장개업하는 경쟁자의 맞수가 되기는 어렵다고 판단한 것이다. 이내 한 원매자가 찾아와 계약하기를 원했다. 집사님은 자기 업소의 경쟁력이 앞으로 떨어질 것을 감안, 자신이 실제로 받아야 할 금액보다 3천만 원이 싼 가격으로 계약을 맺었다. 그러나 그날 이후로 영 마음이 편치 않았다. 인근에 경쟁 업소가 곧 개업할 것임을 계약자에게 알려 주지 않은 데 대한 양심의 가책 때문이었다. 모든 사정을 감안하여 비록 3천만 원을 깎아 주었다 해도, 사실을 사실대로 일러 주지 않았음은 결국 상대를 속인 것이란 자괴심을 지울 수 없었다. 뒤늦게 모든 사실을 알게 된 계약자가 느낄 배신감은 생각하는 것만으로도 고통스러웠다. 집사님은 한동안의 고민 끝에 계약자에게 전화를 걸었다. 머잖아 인근에 경쟁 업소가 등장할 것과, 매각 대금을 할인해 준 까닭이 그로 인함이었음을 솔직하게 털어놓았다. 그리고 끝내 경쟁 업소가 마음에 걸린다면 조건 없이 해약해 줄 테니, 잘 생각해 본 뒤 연락을 달라고 했다. 며칠 후 계약자의 요구에 따라 계약은 해지되었다. 그날 오후 집사님은 인터넷에 다시 업소를 내놓았다. 매각 대금은 실제로 그가 받아야 할 금액을 명시했다. 원매자가 나서면 모든 사정을 밝힌 뒤 다시 3천만 원을 깎아 줄 심산이었다. 바로 다음날 또 다른 원매자가 나타났다. 그는 인터넷에 제시된 금액대로 업소를 매입하겠다고 했다. 집사님이 인근에 경쟁 업소가 개업 준비 중이란 사실을 밝혔지만, 원매자는 자신이 그 업종의 전문가이므로 전혀 개의치 않는다고 했다. 그러나 집사님은 가격을 깎아 드려야 자신의 마음이 편하겠다며 얼마나 할인해 드리면 좋겠는지를 물었다. 원매자는 정 그렇다면 1천만 원만 깎아 달라고 했다. 집사님은 거기에 낡은 에어컨 교체비용 5백만 원을 추가, 총 1천5백만 원을 감한 금액으로 매각하였다. 그래도 전날 해약한 거래에 비하면 1천5백만 원이나 더 많은 액수였다. 하나님 앞에서 정직하게 신앙양심을 지키려 했을 뿐인데, 불과 하룻밤 사이에 가만히 앉아 자신의 계획보다 1천5백만 원을 더 받은 것이었다. 집사님은 자기 곁에서 자신의 일거수일투족을 보고 계시는 하나님을 생생하게 느끼며 온몸에 전율을 느꼈다. 하나님의 말씀을 좇아 살려는 자에게 하나님께서 자신의 삶을 책임져 주심을 확인하는 것보다 더 큰 은혜는 없다. 그 후 어느 날, 집사님은 직원들에게 나누어 줄 티셔츠 10장을 구입하였다. 돈을 치르고 쇼핑백을 들고 나오는데 유난스레 무겁게 느껴졌다. 집사님은 상가 벤치에 앉아 쇼핑백이 왜 그토록 무거운지 살펴보았다. 쇼핑백 속에는 티셔츠가 20장이나 들어 있었다. 옷 가게 점원이 실수로 10장을 더 넣은 것이었다. 그때부터 집사님은 약 30분간이나 벤치에 그대로 앉아 있었다. 그 긴 시간 동안 집사님은 금액으로 5만 원에 해당하는 10장의 티셔츠를 그냥 가지고 가 버릴 것인가, 아니면 돌아가서 되돌려 줄 것인가 고민한 것이다. 30분이 지나서야 집사님의 정신이 번쩍 들었다. 아니, 내가 지금 뭘 하고 있는 거야? 집사님은 벌떡 일어나 옷 가게로 되돌아갔다. 이미 자신의 실수를 알고 사색이 되어 있던 직원의 얼굴이 집사님을 보는 순간 활짝 피었다. 만약 집사님이 그냥 가 버렸더라면 자신의 돈으로 옷값을 고스란히 변상해야만 했던 직원은 집사님에게 진심으로 감사하였다. 그것은 단지 티셔츠 10장의 문제가 아니었다. 문제의 티셔츠를 되돌려 줌으로 집사님은 그 점원에 대한 '사람 사랑'을 제대로 실천한 것이었다.

상식적으로 생각해 보자. 정직하게 신앙양심을 지키려 했을 뿐인데 도리어 하룻밤 사이에 1천5백만 원이 더 주어지는 하나님의 은총을 경험했다면, 모두 합쳐야 5만 원에 불과한 티셔츠 10장은 당장 되돌려 주어야 마땅치 않겠는가? 그런데도 집사님은 그로 인해 무려 30분 동안이나 고민하였다. 이것이 인간이요, 우리 모두의 실상이다. 까닭 없는 인간의 욕심은 관습과 상식을 뛰어넘는다. 어제 신앙의 양심을 지켰다고 오늘도 지킬 수 있다는 법은 없다. 어제 신앙을 지킨 덕에 1천5백만 원을 얻었다고, 오늘 5만 원의 유혹 앞에서도 신앙양심을 지킬 수 있다는 보장은 그 어디에도 없다. 사람을 넘어지게 하는 돌은 큰 바위가 아니다. 큰 바위는 누구든 피해 가기 마련이다. 사람은 항상 보이지 않는 작은 돌에 걸려 넘어진다. 유혹도 이와 같다. 큰 유혹은 유혹임이 너무나도 분명하기에 누구나 쉽게 피할 수 있다. 사람을 넘어트리는 것은 언제나 눈에는 띄지도 않는 작은 유혹이다. 매일 닥치는 그 작은 유혹을 이기지 못하고는 X의 매듭을 바르게 맺고 구현할 길이란 없다. 이것이 사도 바울이 다음과 같이 고백하는 까닭이다.

> 형제들아 내가 그리스도 예수 우리 주 안에서 가진 바 너희에게
> 대한 나의 자랑을 두고 단언하노니 나는 날마다 죽노라(고전
> 15:31).

> 그러므로 내가 달음질하기를 향방 없는 것같이 아니하고 싸우
> 기를 허공을 치는 것같이 아니하여 내가 내 몸을 쳐 복종하게
> 함은 내가 남에게 전파한 후에 자기가 도리어 버림이 될까 두려
> 워함이로라(고전 9:26-27).

하나님의 자녀라는 새로운 신분은 하나님께서 은혜로 거저 주신 선
물이지만, 그 신분에 걸맞은 수준을 추구하는 것은 전적으로 우리 자신
의 몫이다. 신분이 거저라면 수준은 의지를 다한 자기 부인이요, 자기
훈련이다. 여기에 부전승이 끼일 틈은 전혀 없다.

마지막으로, X의 매듭을 지닌 자의 삶은 그가 세상을 떠난 뒤에도 세
상을 밝히는 주님의 도구로 승화된다.

2천 년 전 하나님의 자녀란 새로운 신분을 얻은 뒤 X의 삶으로 일관
했던 사도 바울은 참수형을 당했지만, 그러나 오늘도 그는 주님 안에서
이 세상의 어둠을 밝히고 있다. 온 몸으로 X의 삶을 구현했던 주기철
목사님과 슈바이처 박사는 각각 1944년 평양형무소와 1965년 아프리
카의 가봉에서 세상을 떠났지만, 그들 역시 여전히 주님 안에서 세상을

비추는 진리와 생명의 등불이다. X이신 그리스도께서 여전히 그들의 삶을 도구 삼아 역사하고 계시기 때문이다.

2004년 9월 둘째 주간에 제2회 기독영화제가 서울 중앙시네마에서 열렸다. 마침 내가 중앙시네마를 찾던 날의 상연 작품은 대상을 수상한 김우현 감독의 '팔복'이었다. 한마디로 그 영화는 내게 충격 그 자체였다. 영화에 등장하는 최춘선 할아버지의 삶도 충격이었지만, 마치 광인처럼 보이는 한 인간의 감추어진 실제 모습을 하나님께서 당신의 방법으로 철저하게 남기셨다는 것이 더 큰 충격이었다.

독실한 크리스천인 김우현 감독이 우연히 지하철에서 최춘선 할아버지를 만나 그분의 모습을 자신의 비디오카메라에 처음으로 담은 것은 1995년 7월이었다. 맨발에 '예수천당'이라 쓰인 종이판을 가슴으로 안고 있는, 언뜻 광신도를 연상케 하는 노인이었다. 그 이후 4년 동안 김 감독은 지하철에서 노인을 우연히 몇 차례 더 만났고, 만날수록 범상치 않은 분임을 확인하였다. 2001년 1월, 김 감독은 그 노인이 산다는 한남동으로 무작정 노인을 찾아 나섰다. 남산에서 한남대교에 이르기까지 대체 한남동이 얼마나 넓은가? 그러나 김 감독이 처음 들어선 골목 저편에서 노인이 걸어오고 있었다. 노인을 따라 노인 집에 이른 김 감독은 깜짝 놀랐다. 움막에서 살 것으로 예상했던 그 노인은 번듯한 자기 집에 살고 있었고, 노인의 부인은 중후한 인품을 지닌 주부였다. 그날의 대화를 통해 김 감독은 더 놀라운 사실을 알게 되었다. 대지주의 아들이었던 최춘선 할아버지는 일본 와세다대학 유학 중 우찌무라 간조 선생으로부터 성경을 배웠고, 가가와 도요히꼬 목사님에게서 세례를 받았다. 5개 국어를 구사할 줄 알았던 그는 그 후 중국으로 건너가 상해임시정부에서 김구 주석을 모시고 독립운동에 참여했으며, 해방을 맞아 김구 주석과 함께 귀국하였다. 6·25전쟁으로 인해 남하한 피란민과 빈민들이 자신의 땅에 몰려들자 그분은 그들에게 자기 소유의 땅을 무상으로 나누어 주었다. 그렇게 나누어 준 땅이 김포에서 인천 국도에 이르기까지 현재 몇 개의 동을 이루고 있으니, 그 면적이 얼마나 넓은지는 충분히 상상할 수 있다. 또한 그는 민족이 분단된 것이 가슴 아파 통일이 될 때까지 신을 신지 않기로 하고 신을 벗었다. 그 이후 30년 이상 맨발로 걸어 다녔다. 혹한의 추위 속에서도 맨발이었다. 날이면 날마다 맨발로 지하철을 타고 다니며 이 세상을 떠날 때까지 자신의 방식으로 예수 사랑과 조국 통일을 외쳤다.

최춘선 할아버지는 진정 '하나님 사랑'과 '사람 사랑'을 조용히 실천한 X의 사람이었고, 그분의 숨겨진 삶은 김우현 감독의 카메라를 통해 낱낱이 남겨졌다. 그것은 주님의 역사였다. 김우현 감독으로 하여금 6년에 걸쳐 여덟 차례나 그분의 삶을 카메라에 담게 하신 분은 주님이셨다. 그렇지 않고서야 어떻게 한 인간이 똑같은 인간을 몇 년에 걸쳐 몇 차례나 우연히 만날 수 있겠는가?

놀라운 사실은, 최춘선 할아버지는 세상을 떠난 뒤에 오히려 살아 있는 숱한 영혼을 깨우고 있다는 것이다. 영화 '팔복'이 세상에 알려지면서 그 영화를 접하는 사람마다 크리스천답게 살지 못한 자신의 삶에 대해 양심의 가책을 느낀다. 최춘선 할아버지처럼 살자는 기도 운동이 벌어지기도 한다. 지금은 그분에 관한 책까지 출판되어 그분이 초지일관 추구해 왔던 X의 삶 앞에서 더 많은 사람들이 자신의 신앙을 추스르고 있다. 생각할수록 그분은 단순히 광인, 혹은 광신도로 간주되기 쉬웠다. 지하철에서 그분을 직접 보았던 사람들은 대부분 그렇게 생각했을 것이다. 누가 그분을 일본 유학생으로, 독립운동가로, 주님의 뜻을 좇아 자기 소유의 광활한 땅을 가난한 자들에게 몽땅 나누어 준 진정한 X의 크리스천이라고 상상인들 했겠는가? 그러나 주님께서는 다큐멘터리의 전문가 김우현 감독을 동원하여 그분의 삶을 영상으로 낱낱이 보존하셨고, 그분의 삶의 족적은 앞으로도 두고두고 수많은 사람의 영혼을 밝히는 등불로 쓰임 받을 것이다. 이 세상 어느 목사의 설교가 감히 그분 삶의 족적을 능가할 수 있겠는가?

우리의 삶이 아무리 보잘것없어도 수준의 매듭을 맺기만 하면, X의 삶을 추구하기만 하면, 우리가 이 세상을 떠난 뒤에도 우리는 이 땅의 어둠을 밝히는 진리의 등불로 쓰임 받을 것이다. X이신 주님께서 X의 삶을 구현한 우리를 통해 영원토록 당신을 드러내실 것이기 때문이다.

나의 계명을 가지고 지키는 자라야 나를 사랑하는 자니 나를 사랑하는 자는 내 아버지께 사랑을 받을 것이요 나도 그를 사랑하여 그에게 나를 나타내리라(요 14:21).

경영의 매듭

나에게는 요한의 증언보다 더 큰 증언이 있다. 아버지께서 나에게
완성하라고 내려 주신 일들, 곧 내가 지금 하고 있는 바로 이 일들이,
아버지께서 나를 보내셨다는 것을 증언하여 준다(요 5:36/표준새번역).

1
제빵업자의 질문

평소 잘 알고 지내는 지인으로부터 자신의 친구에 대한 질문을 받았다. 그의 설명에 의하면 빵집을 경영하는 자신의 친구는 첫째, 독실한 크리스천이다. 둘째, 탁월한 제빵 기술을 보유한 그는 반드시 최고급 재료만 사용한다. 그러나 영업 실적은 늘 신통치 않다. 빵집이 위치한 동네가 경제적으로 여유롭지 못한 지역인지라 가격을 인상할 수도 없다. 셋째, 그는 자신의 소득에 대해 정직하게 세금을 납부했지만 세무서로부터 표창장을 받기는커녕 도리어 추징금을 물었다. 따라서 질문의 요지는 독실한 믿음으로 빵집을 운영하는데도 왜 그런 일이 일어나느냐, 왜 매사가 안 되기만 하느냐는 것이었다. 그러나 이것은 그 제빵업자만의 질문인 것은 아니다. 실은 많은 크리스천들이 이와 유사한 질문을 지닌 채 살고 있다.

일반적으로 '경영'(經營) '경영자' '실업인'이라고 하면 사람들은 제법 반듯한 규모를 갖춘 기업체를 연상한다. 물론 '경영'이 '기업이나 사업을 관리하고 운영하는 것'을 뜻하지만, 그러나 '경영'의 의미가 그것만인 것은 아니다. 우리말 사전에 의하면 '경영'에는 '기초를 닦고 계획을 세워 어떤 일을 해 나감'이란 뜻도 있다. '경영'에 해당하는 영어 'management' 역시 '취급' '처리' '관리' '이용'이라는 다양한 뜻이 동시에 내포되어 있다. 따라서 행상에서부터 대기업 사주에 이르기까지 누구든 어떤 계획을 세워 일을 추진해 나가는 것은 모두 '경영'이요, 그 당사자는 예외 없이 '경영자'인 셈이다. 이를테면 주부가 가정을 꾸려 가는 것은 가정 경영이요, 공직자가 공무를 수행하는 것은 나라 경영이기에 그 양자는 다 같이 경영자다. 따라서 '경영' '기독경영자' '기독실업인'이란 단어가 이런 광의의 의미로 사용된 본 장의 내용은 모든 크리스천에게 해당되는 이야기다.

한 가지 미리 양해를 구할 것은, 이 장에는 홍성사와 나 자신에 관련된 내용이 많다는 점이다. 목회자가 기업 경영에 대해 언급할 경우, 흔히 목회자는 세상물정에 어두워 이상적인 이론만 주장한다고 일축하는 경향이 있다. 따라서 성경적인 경영에 관한 보다 구체적인 언급을 위해서는 현실 속에서 검증된 예를 제시해야 하는데, 그것이 나의 경우에는 나 자신과 홍성사의 경험인 것이다.

2
남아공의 화폐

한 나라의 화폐에는 자국의 문화재나 위인의 초상화를 그려 넣는 것이 일반적인 통례다. 그러나 남아프리카공화국의 화폐에는 엉뚱하게도 동물들의 그림만 들어 있다. 이를테면 10랜드 지폐에는 코뿔소, 20랜드에는 코끼리, 50랜드엔 사자, 그리고 100랜드와 200랜드 지폐에는 버펄로와 표범이 각각 안방을 차지하고 있다. 그곳은 인간으로부터 버려진 동물들만의 세계가 아니다. 그곳 역시 사람들이 사는 문명 세계이고, 더욱이 네덜란드와 영국에서 이주한 크리스천들이 무려 3백 5십 년간이나 그 땅을 통솔하였음에도 화폐에서 사람의 얼굴을 찾아 볼 수는 없다.

1652년 네덜란드가 동인도 무역선의 중간 기착지로 이용하기 위해 희망봉 일대에 식민지를 건설한 것을 기점으로 남아프리카에 대한 네덜란드의 식민통치가 본격화되었고, 1795년에 상륙한 영국군이 네덜란드와의 전쟁에서 승리함으로 1800년대 초부터 남아공은 영국의 식민지가 되었다. 당시에 남아공에 진출하여 그곳에 뿌리를 내린 네덜란드인들과 영국인들은 거의 네덜란드 개혁교회와 영국 성공회 교인들이었다. 그들은 기독교를 남아공의 국교로 삼고 도처에 교회를 세웠다. 그래서 오늘날에도 교회 출석과는 상관없이 적어도 통계상으로는 전 국민의 98퍼센트가 크리스천으로 밝혀져 있다. 한마디로 지난 3백 5십년 동안 그 땅을 지배하던 백인들은 모두 크리스천이요, 그들 중 정치인은 기독정치인, 교육자는 기독교육자, 경영인은 기독경영인이었다. 그들 중에 어찌 걸출한 인물이 없었겠으며 뛰어난 지도자가 없었겠는가? 그런데도 왜 남아공의 화폐는 그 누구의 초상화도 단연코 거부하고 있는가? 남아공의 역사 자체가 바로 그 해답이다. 아프리카 대륙의 역사가 인간에 대한 인간의 잔혹한 약탈사로 점철되어 있긴 하지만, 그 가운데서도 남아프리카공화국의 경우는 특별히 유별났다.

4천4백만 명에 달하는 남아프리카공화국 인구의 인종 구성 비율을 보면 흑인이 절대다수인 6/8을 차지하고 있고, 백인이 1/8 그리고 인도인 등의 유색인종이 나머지 1/8을 점하고 있다. 그런데 전체 인구의 1/8에 불과한 소수 백인 집단이 전 국토의 90퍼센트를 장악, 불과 10여 년 전까지 아파르트헤이트를 법으로 명시해 두고 있었다. 아파르트헤이트란 소수 백인 집단의 정치·경제적 지배력을 강화하고 유지하기 위해 백인과, 유색인을 포함한 흑인을 법률적으로 엄격히 분리하는 인종차별 정책이다. 예를 들면 흑인의 참정권을 철저하게 봉쇄한 채 흑인의 백인 거주 지역 출입을 금지하는 '집단지역법', 흑인을 아예 특정 지구에 묶어 두는 '원주민토지법', 백인의 직업에 흑인이 진출하는 것을 차단하는 '직업확보법', 백인의 순수 혈통을 보존하기 위해 백인과 흑인의 결혼을 금하는 '인종간통혼금지법', 나아가 백인과 흑인의 성적 관계 자체를 불허하는 '배덕법' 등이다. 한마디로 백인들에게 그 땅의 흑인은 그들과 같은 사람이 아니었다. 단지 그들의 필요와 이윤 창출을 위한 인간 이하의 노예 혹은 도구에 지나지 않았다. 따라서 백인이 부의 축적을 위해 흑인을 상대로 저지른 만행을 어찌 말로 다 표현할 수 있겠는가? 행정 수도인 프리토리아 근처 대농장 지주인 네덜란드계 헨리는, 자신의 조상이 그 지역 흑인들을 일렬로 세운 뒤 총으로 모두 사살하고 그들의 땅을 몰수하였음을 자랑할 정도다.

오랜 유혈 투쟁 끝에 흑인은 마침내 1994년 참정권을 획득하였고, 그해 4월 27일에 실시된 흑백 동시 선거에서 세계적인 흑인 인권운동가인 만델라가 대통령에 당선됨으로 3백5십 년에 걸친 백인 정권은 종식되었다. 적어도 법률상으로는 흑인이 사람의 반열에 오르게 된 것이다. 그러나 그것은 그야말로 명목상일 뿐, 절대다수의 흑인들은 여전히 인간다운 삶과는 거리가 먼 상태다. 1999년 만델라에 뒤이어 대통령에 취임한 타보 음베키 역시 흑인이건만, 흑인의 출입을 금하는 백인 전용의 식당이나 상점은 여전히 건재하고 있다. 이런 역사요 실정이고 보면 흑인 정권이 들어선 지금 그들의 화폐에 그려 넣을, 인구의 6/8을 차지하는 흑인을 포함하여 전 국민이 공감할 위인을 지난 과거 어디에서 찾을 수 있겠는가? 세월이 좀더 흐른 뒤엔 만델라 전 대통령의 초상화가

들어갈 수 있을까, 지금 당장은 동물 그림 외엔 대안이 없지 않겠는가? 이 사실을 통해 우리는 하나님의 중요한 메시지를 읽게 된다. 하나님의 뜻을 위배하면서까지 자신의 욕망을 추구하는 자는 그의 호칭이 설령 기독정치인이나 기독교육가, 혹은 기독실업인이라 할지라도 하나님 보시기엔 동물보다 못하다는 것이다.

17세기부터 남아공으로 몰려든 네덜란드인과 영국인들은 이미 언급한 바와 같이 거의 모두가 크리스천들이었다. 그들은 새로이 정복한 신천지에서 한편으로는 부지런히 돈을 모으면서 또 한편으로는 그들의 신앙에 열심을 다했다. 소득에 대해 십일조와 감사헌금을 바쳤고, 아름다운 예배당을 건축하였으며, 흑인들에게 전도하는 것도 잊지 않았다. 그 열성이 얼마나 컸으면 온 동네마다 예배당이 세워지고, 흑인을 포함하여 전 국민의 98퍼센트가 형식적이나마 크리스천이 되었겠는가? 주일이면 그들은 아름다운 옷을 입고 예배당을 찾아 거룩한 예배를 드리고, 물질적 은총을 주신 하나님을 진심으로 찬양했을 것이다. 그러나 그와 같은 크리스천들이 무려 3백5십 년간이나 뿌리를 내린 그 땅의 화폐에, 하나님께서는 그 어떤 크리스천의 얼굴이 들어가는 것도 허락지 않으셨다. 그 대신 동물을 화폐 한가운데 앉혀 놓으셨다. 돈을 잘못 다루는 인간은 동물보다 못하다는 하나님의 메시지가 아니고 무엇이겠는가? 우리 모두 절대로 잊어서는 안 될 하나님의 메시지다. 특히 돈과 불가분의 관계에 있는 기독실업인은 더욱 그렇다.

3
기독실업인의 오해

　대부분의 사람들은, 기독실업인이란 돈을 벌어 돈으로 하나님의 영광을 나타내는 자라고 생각한다. 기독실업인 스스로도 자신의 정체성을 이렇게 인식하고 있다. 나 역시 예외가 아니었다.

　1971년 2월 대학 졸업 예정이던 나는 석 달 전인 1970년 12월부터 외국인회사에서 사회생활을 시작하였다. 만 3년 반이 지난 1974년, 외국 항공회사 한국총대리점을 독자적으로 경영할 수 있는 기회가 찾아왔다. 당시 그 사업을 하기 위해서는 반드시 교통부장관으로부터 '항공운송대리점업 사업면허'를 취득해야만 했는데 그것이 하늘의 별따기만큼 어려웠다. 더욱이 대기업들이 경쟁자로 등장, 고작 3년 반의 일천한 사회 경력이 전 재산이었던 나는 아예 경쟁의 축에 낄 수도 없었다. 나의 형편과 사정이 턱없이 모자랐기에 모태신앙인이었던 나는 그 부족분을 기도로 메울 수밖에 없었다. 만약 하나님께서 교통부장관을 통해 나에게 사업면허를 주신다면 내가 설립하는 회사를 하나님께 바쳐 드리고, 모든 수익금을 하나님의 영광을 위하여 사용하겠다는 서원 기도를 거듭거듭 드렸다. 그해 가을 교통부장관의 허가와 함께 1974년 10월 1일, 조선호텔 110호실을 사무실로 얻어 발족된 회사가 바로 오늘의 홍성사다.

홍성사 초기 하나님께서는 항공운송 사업을 통해 주체하기 어려울 정도의 많은 재물을 부어 주셨다. 그때 그 많은 돈으로 나는 무엇을 했던가? 물론 나는 하나님과의 약속을 지키기 위해 헌금하는 일에 조금도 인색함이 없었다. 당시 20대였음에도 내가 다니던 교회에 가장 많은 십일조와 감사헌금을 바쳤고, 목사님 사택구입비와 교회가 추진하는 선교사업비의 상당 부분을 개인적으로 부담하여 일약 교회가 주목하는 유명 인사가 되었다. 고아원과 양로원은 말할 것도 없고, 선이 닿는 선교 기관에 대한 헌금도 아끼지 않았다. 70년대 가장 유명한 부흥사가 원장으로 있던 기도원에는 얼마나 많은 헌금을 했던지 기도원 측에서 영내에 개인 기도집을 지을 수 있는 땅을 무상으로 제공했는가 하면, 기도원 본당 준공식 때는 특별히 감사패를 수여하기도 했다. 그럴 때마다 나는 기독실업인으로서 대단한 일을 하고 있다는 긍지를 스스로 느끼곤 했다.

그러나 그것이 내 삶의 전체 모습이었던 것은 아니다. 각종 명목으로 바치는 헌금액은 내가 홍성사를 통해 벌어들이는 돈에 비하면 지극히 적은 일부분에 불과했고, 헌금을 제외한 나머지는 모두 나 자신의 욕망을 위해 쓰였다. 결국 하나님의 영광을 위한다는 것은 단지 허울이었을 뿐, 홍성사는 내 욕망을 충족시키는 도구에 지나지 않았다. 그때 나는 외형적으로는 분명히 크리스천이었고 더욱이 주위 사람들로부터 칭찬받는 기독실업인이 틀림없었지만, 내 일생에서 가장 많은 돈을 벌고 가장 많은 헌금을 쾌척하던 그 시절의 내 중심은 하나님과 가장 멀리 떨어져 있었다. 이를테면 동물보다 나을 바가 전혀 없었다. 당시 나의 삶을 한마디로 표현하면, 동물이 안방 차지하고 있는 남아공 화폐와 전혀 다르지 않았다.

요한복음 2장은 주님의 성전정화 사건을 전해 주고 있다. 2천 년 전 예루살렘 성전은 타락한 유대교의 실체를 보여 주는 온갖 부패의 온상이었다. 유대교 성직자들과 결탁한 종교 장사꾼들이 성전을 점령, 교묘하게 자신들의 사욕을 채우고 있었다. 그들은 성전에서만 통용되는 화폐로 성전세를 바쳐야 하는 규정을 이용, 일반 화폐를 성전 전용 화폐로 환전해 주며 막대한 수수료를 가로챘다. 하나님께 바치는 제물은 흠이 없어야 함을 악용, 일반인이 가져온 제물은 무슨 트집으로든 거부하는 대신 자신들이 준비한 제물을 엄청난 가격으로 팔았다. 그러나 막상 그들은 자신들의 잘못을 전혀 인식지 못했다. 안식일을 철저하게 지켰으며, 자신의 소득에 대해 호리의 어김도 없이 십일조를 바쳤고, 각종 명목의 제사를 지성을 다해 드렸다. 요즈음 용어로 말하자면 그들은 모두 당시의 당당한 기독실업인들이었다. 그러나 주님께서는 그들을 칭찬하시기는커녕 도리어 성전에서 모두 쫓아내셨다. 주님의 눈에 비친 그들은 기독실업인이 아니라, 하나님의 성전을 강도의 굴혈로 전락시킨 강도에 지나지 않았다.

그런데 마태복음 21장이 주님의 성전정화 사건을 한 번 더 소개하고 있다. 이것은 한 사건에 대한 요한과 마태의 동일한 진술이 아니다. 요한복음 2장에 나타난 성전정화 사건이 주님께서 공생애를 막 시작하신 초기의 일인데 반해, 마태복음 21장의 성전정화 사건은 주님께서 돌아가시기 직전의 일이다. 두 사건 사이에 3년이란 시차가 있는 것이다. 주님께서 부패한 기독실업인들에 의해 오염된 성전을 분명히 정화하셨건만 3년 만에 성전을 재방문하셨을 때 성전은 기독실업인에 의해 또다시 더럽혀져 있었고, 주님께서는 이번에도 그들을 모두 쓸어내셨다. 주님의 공생애가 성전정화로 시작하여 성전정화로 막을 내린 셈인데, 성전 오염의 주범은 언제나 제사장들과 결탁한 부패한 기독실업인들이었다.

적어도 외형상 철저한 유대교 신자였던 그들이 왜 성전을 강도의 굴혈로 더럽히는 잘못을 범했는가? 누구보다 많은 헌금과 최고급 제물을 하나님께 바치는 것만으로 그들의 사명을 완수하는 것으로 착각했기 때문이다. 그 결과 그들이 더 많은 물질을 하나님께 바치면 바칠수록 정작 그들 자신은 하나님과 더욱 멀어질 뿐이었다. 그들의 삶 역시 짐승이 주인인 남아공의 화폐와 구별될 수 없었다. 오죽하였으면 주님께서 그들에 의해 점령된 성전을 가리켜 강도의 굴혈이라 탄식하셨겠는가?

앞에서 언급한 것처럼, 하나님께 돈을 드려 하나님을 기쁘시게 할 수 있다는 생각은 따지고 보면 하나님을 돈에 걸신들린 거지로 간주하는 것이다. 그 경우 돈을 바치는 자에게는 자기만족이 있을 수 있겠지만 하나님께는 모독일 수밖에 없고, 돈을 바치면 바칠수록 그와 하나님 사이에는 더 큰 장벽이 가로막힐 뿐이다. 천지를 창조하신 하나님께서는 인간의 돈을 요구치 않으신다. 온 우주만물이 모두 하나님의 것이기 때문이다. 하나님께서 인간에게 요구하시는 것은 언제나 인간의 바른 삶이다. 하나님께서는 이미 오래전부터 이 사실을 분명히 하셨다.

> 여호와께서 말씀하시되 너희의 무수한 제물이 내게 무엇이 유익하뇨 나는 수양의 번제와 살진 짐승의 기름에 배불렀고 나는 수송아지나 어린 양이나 수염소의 피를 기뻐하지 아니하노라 너희가 내 앞에 보이러 오니 그것을 누가 너희에게 요구하였느뇨 내 마당만 밟을 뿐이니라 헛된 제물을 다시 가져오지 말라 분향은 나의 가증히 여기는 바요 월삭과 안식일과 대회로 모이는 것도 그러하니 성회와 아울러 악을 행하는 것을 내가 견디지 못하겠노라(사 1:11-13).

내가 무엇을 가지고 여호와 앞에 나아가며 높으신 하나님께 경배할까 내가 번제물 일년 된 송아지를 가지고 그 앞에 나아갈까 여호와께서 천천의 수양이나 만만의 강수 같은 기름을 기뻐하실까 내 허물을 위하여 내 맏아들을, 내 영혼의 죄를 인하여 내 몸의 열매를 드릴까 사람아 주께서 선한 것이 무엇임을 네게 보이셨나니 여호와께서 네게 구하시는 것이 오직 공의를 행하며

인자를 사랑하며 겸손히 네 하나님과 함께 행하는 것이 아니냐
(미 6:6-8).

4
기독실업인과 기독기업

인간의 마음속엔 예외 없이 온갖 생각들로 가득 차 있다. 한 인간이 어떤 인간인지는 마음속의 수많은 생각들 중 무엇이 행동으로 표출되느냐로 판명된다. 살다 보면 어떤 인간에 대한 미움과 분노를 주체하기 어려울 때가 있다. 그때 상대를 향해 욕설을 내뱉을 수도 있고, 욕설에 더하여 폭력을 동원할 수도 있으며, 그것도 모자라 흉기까지 휘두를 수도 있다. 반면에 혀를 깨물면서 미움과 분노를 꿀꺽 삼켜 버릴 수도 있고, 원수를 사랑하신 주님을 생각하며 자신을 옥죄는 증오심을 말씀 안에서 훌훌 털어 버릴 수도 있다. 이처럼 마음속에 똬리를 튼 미움과 분노는 똑같지만 그것을 어떤 식으로 외향화하느냐에 따라 그 인간의 실체가 드러나는 법이다.

2천 년 전에 인간의 모습으로 이 땅에 오셨던 예수님께서 그리스도시요 성자 하나님이시라는 증거는 무엇인가? 그분의 마음속에 깃들어 있던 고귀한 생각이나 사상인가? 그분의 생각과 사상이 아무리 고귀해도 그것이 그분의 마음속에 담겨 있기만 했다면 그분과 우리 사이에는 아무런 관련도 있을 수 없다. 그분께서 우리의 그리스도시요 성자 하나님이신 증거는 밖으로 드러난 그분의 삶, 그분이 행하신 일이다. 이것은 나의 주관적인 판단이 아니라 주님께서 요한복음을 통해 친히 말씀하신 것이다.

> 나에게는 요한의 증언보다 더 큰 증언이 있다. 아버지께서 나에게 완성하라고 내려 주신 일들, 곧 내가 지금하고 있는 바로 이 일들이, 아버지께서 나를 보내셨다는 것을 증언하여 준다(요 5:36/표준새번역).

> 내가 내 아버지의 일을 하지 않거든, 나를 믿지 말아라. 그러나 내가 그 일을 하거든, 나를 믿지는 않더라도 그 일은 믿어라. 그러면 너희는, 아버지께서 내 안에 계시고, 또 내가 아버지 안에 있다는 것을, 깨달아 알게 될 것이다(요 10:37-38/표준새번역).

> 내가 아버지 안에 있고 아버지께서 내 안에 계심을 믿으라 그렇지 못하겠거든 행하는 그 일을 인하여 나를 믿으라(요 14:11).

> 나의 양식은 나를 보내신 이의 뜻을 행하며 그의 일을 온전히

이루는 이것이니라(요 4:34).

주님께서는 하나님의 뜻과 일을 행하시는 당신의 삶으로 성자 하나님이신 당신의 정체성을 친히 밝히셨다. 그것이 얼마나 중요했던지 하나님의 일을 온전히 행하는 삶 자체를 당신의 양식, 즉 당신의 존재 이유로 삼으셨다. 그 일을 위해서가 아니라면 주님께서 이 땅에 인간의 모습으로 존재하실 이유가 없었던 것이다. 그 정도로 중요한 그 일이란 대체 무엇이었던가?

네 마음을 다하고 목숨을 다하고 뜻을 다하여 주 너의 하나님을 사랑하라 하셨으니 이것이 크고 첫째 되는 계명이요 둘째는 그와 같으니 네 이웃을 네 몸과 같이 사랑하라 하셨으니 이 두 계명이 온 율법과 선지자의 강령이니라(마 22:37-40).

그것은 이미 앞 장에서 살펴본 것처럼 성경의 핵심인 '하나님 사랑' 과 '사람 사랑', 다시 말해 X의 삶을 몸소 행하시는 것이었다. 주님께서는 하나님을 사랑하시기에 하나님의 뜻을 좇아 사람을 사랑하셨고, 사람을 사랑하시되 사람을 위해 당신의 생명을 내어놓으시기까지 사람을 사랑하셨다. '하나님 사랑'과 '사람 사랑', 즉 X의 윗부분과 아랫부분 중 그 어느 쪽도 모자람이 없는 완전무결한 X의 사랑이었다. 그것이 주님께서 그리스도 되심의 증거였다. 크리스천이란 그 주님을 본받아 X의 삶을 살기로 결단한 자요, 기독실업인 역시 마찬가지다. 따라서 하나님께서 기독실업인에게 요구하시는 것이 있다면 돈이 아니라 X의 삶이다.

기독실업인이 X의 삶을 구현한다는 것은 구체적으로 무슨 의미인가? 그것은 자기 기업을 '하나님 사랑'과 '사람 사랑'을 구현하기 위한 X의 도구, 즉 기독기업으로 일구는 것이다. 기독기업과 기독실업인은 동일선상에 있지 않다. 어느 정당의 대표가 자신을 민주 정당의 대표라 소개했다고 하자. 만약 그의 정당 운영 방식이 비민주적이고 독선적이라면 자신의 주장과 상관없이 그가 진정한 민주 정당의 대표일 수는 없다. 민주적인 절차와 방식을 좇아 정당을 운영하는 자만 명실상부하게 민주 정당의 대표라 할 수 있다. 기독실업인과 기독기업의 관계도 이와 같다. 자기 기업을 기독기업으로 경영하는 자가 결과적으로 기독실업인인 것이지, 기독실업인을 자칭한다 해서 자신의 기업이 절로 기독기업이 되는 것은 아니다. 그렇다면 일반기업과 기독기업의 본질적 차이는 무엇인가?

기업의 요체는 한마디로 돈과 사람이다. 둘 중에 어느 쪽이 결여되어도 기업으로 존속할 수는 없다. 중요한 것은 돈과 사람의 상관관계다. 일반기업이 돈(이윤)을 목적으로 삼고 그 목적을 이루기 위한 수단으로 사람을 이용한다면, 기독기업은 기업 목적인 '사람 사랑'을 위한 수단으로 돈을 이용한다. 모든 기업은 보다 큰 이윤 창출을 위해 최선의 노력을 경주한다. 이윤 추구 없는 기업이란 존재할 수도 없고, 존재할 가치도 없다. 기독기업이라고 해서 예외인 것은 아니다. 이윤 창출 없이도 X를 구현할 수 있는 단체가 있다면 그것은 교회거나 자선 기관이지 기독기업은 아니다. 기독기업 역시 기업인 이상 반드시 이윤을 추구해야 한다. 그러나 기독기업이 이윤 창출을 위해 노력하는 것은 그 자체가 목적이어서가 아니라, 그것이 X를 구현하기 위한 수단이기 때문이다. 따라서 기독기업은 이윤을 추구하되 어떤 경우에도 이윤 자체를 위해 사람을 비인격화하지 않는다. 이윤을 추구하는 목적이 '사람 사랑'인 까닭이다. 이것이 크리스천이 맺어야 할 경영의 매듭이다. 돈을 위해 사람을 수단으로 삼던 매듭을 해체하고, 사람을 위해 기업의 모든 자원을 수단으로 활용하는 새로운 매듭을 맺는 것이다.

여기에서 우리는, 도처에 기독실업인은 넘쳐나는데도 진정한 기독기업을 찾아 보기는 어려운 까닭을 알게 된다. 거의 모든 기독실업인들이 돈으로 하나님께 영광을 돌리려고만 할 뿐, 자기 기업을 X의 구현을 위한 기독기업으로 일구려 하지는 않기 때문이다. 기독기업으로 운영되지 않는 기업은, 기업주가 아무리 기독실업인을 자칭해도 근본적으로는 세상기업과 동일할 수밖에 없다. 그 기업 역시 '사람 사랑'이 아닌 돈을 목적으로 할 것이며, 돈이 목적인 이상 그 목적을 이루기 위해 수단과 방법을 가리지 않을 것이다. 그런 기업이 혹 외형적으로는 다소의 차이를 보일지 모르나 하나님 보시기엔 2천 년 전 타락한 기독실업인에 의해 오염되었던 예루살렘 성전이나, 동물이 안방 차지하고 있는 남아공 화폐와 구별되지 않을 것이다.

모든 기독실업인들이 절대로 잊어서는 안 될 주님의 말씀이 있다.

내가 진실로 너희에게 이르노니 부자는 천국에 들어가기가 어

려우니라 다시 너희에게 말하노니 약대가 바늘귀로 들어가는
것이 부자가 하나님의 나라에 들어가는 것보다 쉬우니라(마
19:23-24).

오늘날 크리스천마저 돈을 절대시하면서 크리스천의 신앙생활에서
거의 언급되지 않는 구절이다. 여간 깨어 있는 교회에 다니지 않는 교
인이라면, 이 구절에 관한 설교를 교회에서 들어본 지 퍽이나 오래되었
을 것이다. 그러나 사람이 외면한다고 하나님 말씀이 하나님의 말씀에
서 제외되거나 효력을 상실하는 것은 아니다. 하나님께서는 아무도 오
해할 수 없는 단어와 문장으로 부자가 천국에 들어가기가 얼마나 어려
운지를 명백히 밝히셨다. 그 이유가 대체 무엇일까? 대부분의 부자는
자신의 돈을 하나님보다 더 신뢰한다. 돈이 목적이기에 인간을 수단으
로 여길 수밖에 없다. 인간을 비인격적인 수단으로 여기는 자에게 진정
한 '사람 사랑' 이 있을 리 만무하다. 기업이 융성하면 할수록 그는 '사
람 사랑' 에 기인한 '하나님나라' 와는 더욱 무관해질 뿐이다. 그러나 주
님의 말씀은 거기에서 끝나지 않았다. 만약 주님의 말씀이 그것으로 끝
나 버렸다면, 돈과 불가분의 관계를 이루고 있는 인간 가운데 과연 누
가 그 말씀으로부터 자유로울 수 있겠는가? 약대가 바늘귀로 들어가는
것이 부자가 하나님의 나라에 들어가는 것보다 쉽다는 주님의 말씀에
깜짝 놀라, 그렇다면 과연 누가 구원을 얻을 수 있느냐는 제자들의 물
음에 주님께서 대답하셨다.

사람으로는 할 수 없으되 하나님으로서는 다 할 수 있느니라(마 19:26).

   돈이 삶의 목적인 부자는 그 자신의 힘으로는 결코 천국에 들어갈 수 없지만, 그러나 하나님께서는 그것을 가능하게 하신다. 하나님나라와 무관한 그 부자를 하나님께서 당신의 자녀로 부르시고, 하나님나라 백성의 신분을 먼저 주시는 것이다. 그 은총을 깨달은 부자는 하나님께서 주신 신분에 걸맞은 수준을 추구하게 된다. 즉, 돈을 목적으로 삼던 자신의 기업을 X를 구현하기 위한 기독기업으로 일구는 것이다. 기독실업인이 자신의 기업을 기독기업으로 일구었기 때문에 하나님의 나라에 들어가는 것이 아니다. 전혀 무자격자였음에도 하나님께서 먼저 하나님나라의 신분을 주셨음을 깨닫고 그 신분을 지닌 자답게 자신의 기업을 기독기업으로 응답하는 자가 크리스천이요, 기독실업인이다. 이렇듯 기독기업의 원동력은 기업가 자신이 아니라 선행된 하나님의 은총이다. 만약 기독실업인을 자칭하면서도 자기 기업을 기독기업으로 운영하려 하지는 않는다면 그는 아직까지 하나님께서 주신 구원, 다시 말해 하나님께서 주신 새로운 신분의 의미를 인식하지 못한 자다. 그 의미를 바르게 깨달은 기독실업인이라면 X의 수준, 곧 기독기업을 지향하지 않을 수 없다. 주님께서 자신을 구원해 주시고 기업의 소명을 주신 까닭이 바로 거기에 있기 때문이다.

   미국 영화배우 멜 깁슨은 2004년 자신이 제작 감독한 영화 '그리스도의 수난'(The Passion of the Christ)으로 많은 화제를 남겼다. 십자가에서 운명하시기까지 열두 시간 동안 예수님께서 당하신 고난에 초점을 맞춘 이 영화는 반유대주의를 조장한다는 이유로 유대인이 장악한 할리우드 영화사들로부터 외면당했다. 그러나 멜 깁슨은 이에 굴하지 않고 직접 영화사를 설립, 사재 2천5백만 달러(당시 환율로 약 3백억 원)를 투입하여 영화를 완성하였다. 독실한 가톨릭 신자인 멜 깁슨의 신앙심이 얼마나 깊은지 확인할 수 있는 대목이다. 2004년 고난주간에 맞추어 개봉된 그 영화는 전 세계적으로 흥행대박을 터트려 멜 깁슨은 일거에 6억 1천만 달러(당시 환율로 7천3백2십억 원)의 천문학적인 거금을 벌어들였다. 보도에 의하면 그가 그 돈으로 가장 먼저 한 일은, 작년 12월 초 남태평양 피지의 마고섬을 1천5백만 달러(당시 환율로 160억 원)에 구입한 것이다. 여의도(약 254만 평)의 2.5배에 달하는 면적 653만 평의 그 섬을 멜 깁슨이 구입한 이유는 개인 휴양지로 사용하기 위함인 것으로 알려졌다. 물론 여유가 있는 사람은 여의도의 2.5배가 아니라 10배 크기의 개인 휴양지를 소유할 수도 있다. 그러나 만약 멜 깁슨이 '그리스도의 수난'으로 벌어들인 돈을 그런 식으로 자신만을 위해 쓴다면 성당에 아무리 많은 금액의 돈을 헌금한다 할지라도, 그는 예수의 수난을 소재로 축재한 탁월한 흥행사일 뿐 진정한 의미의 기독실업인은 아니다. 그의 기독실업인 됨의 여부는 자신의 사재를 털어 '그리스도의 수난'을 제작했다는 데 있는 것이 아니라, 하나님께서 주신 재물로 이제부터 자신의 영화사를 X의 구현을 위한 기독기업으로 일구는 것으로 판정날 것이다.

지난 해 홍성사의 홈페이지에 어느 독자가 감동적인 글을 올렸다.

'프로레슬러와 신부'라는 제목의 내용은 다음과 같았다.

1998년 5월 멕시코시티 프로레슬링 경기장을 가득 메운 관중
은 한 늙은 레슬러의 은퇴를 지켜보면서 깊은 감동과 사랑을 느
꼈다.

1975년 프로레슬링에 입문해 항상 황금색 가면을 쓰고 경기해
온 그는 '마법사의 폭풍'으로 불렸다. 화려한 분장뿐 아니라 그
의 현란한 개인기는 매번 관중을 열광시켰다. '마법사의 폭풍'
은 위기의 순간마다 꺾이지 않고 다시 일어나 상대 선수를 제압
하는 신비한 힘을 지니고 있었다. 23년 동안 팬들에게 깊은 인
상을 심어 준 '마법사의 폭풍'은 어느새 53세의 중년이 되어,
끝까지 자신을 아껴 준 팬들을 위해 마지막 선물을 준비했다.
'마법사의 폭풍'이 링 위에 오르자 관중은 모두 기립박수로 그
에 대한 사랑과 존경을 표현했다. 그는 관중의 갈채를 한 몸에
받으며 링 중앙에 섰다. 관중의 박수가 잦아들 즈음, '마법사의
폭풍'은 황금가면을 천천히 벗기 시작했다. 그것은 처음 있는
일이었다. 관중들은 그가 준비한 선물에 놀라 모두 숨을 죽였
다. 마침내 황금가면을 벗은 그 역시 감격에 차 있었다.
"여러분, 감사합니다. 저는 작은 가톨릭교회의 신부 세르지오
구티에레스입니다. 프로레슬링을 하는 동안 저는 고아원 아이
들을 경제적으로 도울 수 있었고, 그들에게 꿈과 희망을 줄 수
있어서 행복했습니다."

그의 말이 끝나자 한동안 관중의 정적이 이어지더니 더욱더 뜨거운 기립박수가 쏟아졌다. 구티에레스 신부는 23년 동안 '신부'라는 신분을 감춘 채 얻은 수익금으로 무려 3천여 명의 고아들을 돌봐 온 것이었다.

구티에레스 신부에게는 번듯한 사무실도 직원도 없었다. 그러나 '사람 사랑'을 위해 링 위에서 온몸을 던져 번 돈으로 3천여 명의 고아들을 돌보아 준 그의 삶 자체가 기독기업이요, 23년 동안 X를 실천한 그는 명실상부한 최고의 기독실업인이다.

이제 이 장의 서두에 등장했던 빵집 주인에게 되돌아가 보자. 그는 독실한 크리스천이라고 했다. 그런데 그가 독실하다는 근거가 대체 무엇인가? 주일마다 열심히 헌금하고 봉사하는 교회생활인가, 아니면 자신의 빵집을 기독기업으로 일구는 X의 삶인가? 그의 교회생활이 아무리 열심이어도 그가 자신의 빵집을 기독기업으로 일구지 않는 한, 그가 독실한 기독실업인일 수는 없다. 만약 그가 진정 '사람 사랑'을 위해 빵집을 경영하는 참된 기독실업인이라면 서두에 언급한 것과 같은 질문을 제기하지 않았거나, 혹 질문을 제기하더라도 필경 그 내용이 달랐을 것이다.

5
기독기업의 경영

세상기업과 기독기업의 본질적인 차이는 기업의 요체인 돈과 사람의 상관관계에 있다고 했다. 사람을 도구 삼아 돈을 목적으로 하는 것이 세상기업이라면, 기독기업은 이윤 창출을 위해 최선을 다하되 그것을 수단으로 삼아 '사람 사랑'을 구현하는 기업임은 이미 언급하였다. 그렇다면 기독기업과 기독실업인이 실천해야 할 '사람 사랑'의 대상은 구체적으로 누구인가?

거래처

거래처란 단지 필요한 기계 장치나 노동력 혹은 매장을 의미하지 않는다. 거래처 역시 사람이거나 사람의 집단이요, 그들은 모두 사랑과 섬김의 대상이다. 하청 업체든 위탁 판매 업체든 거래처의 도움 없이는 나의 기업이 존재할 길이 없다. 또한 나와의 거래를 통해 거래처 사람들의 생계가 유지되고 가계가 번창한다는 것은 얼마나 가슴 벅찬 일인가? 그것은 상행위를 통해 얻는 이윤을 초월하는 일이다. 그러므로 거래처와의 거래가 신실해야 함은 기본이고, 모든 거래는 항상 거래처 사람들을 염두에 두어야 한다.

흔히 교회가 교재나 선물용 책을 대량으로 구입할 때 서점을 배제하고 출판사에 직접 주문하는 경우가 허다하다. 서점에게 돌아가는 마진만큼 책을 싸게 구입하기 위함이다. 물론 주문량이 많고 서점보다 결제가 빠른 만큼 대부분의 출판사는 이를 환영한다. 서점은 판매 대금을 한 달 후에, 그것도 큰 서점은 어음으로 결제하는 데 반해 교회의 경우는 거의 납품과 동시에 현금으로 결제하는 까닭이다. 예전에 내가 홍성사를 경영할 때에도 이런 호조건의 주문을 마다할 까닭이 없었다. 그러나 아내가 홍성사의 경영을 담당한 이후부터는, 도서회원이거나 특별히 개인적으로 출판사를 찾아와 책을 구입하는 경우를 제외하곤 아무리 양이 많아도 직접 주문을 정중히 사양, 반드시 서점을 통해 구입도록 한다. 이유는 간단하다. 책값 속에는 서점에서 일하는 사람들의 한 달 생활비도 포함되어 있기 때문이다. 교회가 서점을 배제하고 출판사에서 보다 싼 값으로 직접 책을 구입하려는 것은, 부지중에 사랑해야 할 이웃의 생계비를 부정하는 잘못을 범하는 것이다. 사람들은 누구나 자신이 원하는 물건을 가능한 한 싸게 구입하려 한다. 그것은 지극히 자연스런 일일 수 있다. 그러나 크리스천이라면, 그와 같은 자신의 행위가 누군가에게 정당하게 돌아가야 할 몫을 박탈하고 있는 것은 아닌지 한번쯤은 진지하게 생각해 보아야 한다. '사람 사랑'은 말이나 구호로 이루어지는 것이 아니다. 누군가의 몫을 내가 먼저 지켜 주는 것으로부터 진정한 사랑은 시작된다. 그보다 더 아름다운 나눔은 없다.

홍성사가 출판업에 진출한 이듬해, 그러니까 1978년이었다. 거래처 중에 오프셋 인쇄소가 불의의 화재로 인해 도산에 직면한 적이 있었다. 피해액이 워낙 커 자력으로는 회생이 전혀 불가능한 상태였다. 인쇄소 사장은 급히 홍성사에 도움을 요청했고, 홍성사는 아무 조건 없이 6개월의 거래분에 해당하는 금액을 무상으로 선지급해 주었다. 당시로서는 적지 않은 금액이었다. 그로 인해 인쇄소는 재기했고, 나는 그러한 일이 있었다는 사실 자체를 까마득히 잊고 있었다. 몇 년 후 홍성사가 부도를 내었다. 감사하게도 대부분의 거래처들이 부도 금액의 지급을 상당 기간 유예해 주었는데, 그 가운데에는 그 오프셋 인쇄소도 물론 포함되어 있었다. 거래처들을 일일이 찾아다니며 감사의 인사를 하던 중 그 인쇄소를 방문했을 때다. 내가 인쇄소의 사장에게 감사를 표하자, 그는 예전에 비해 엄청나게 확장된 인쇄소 내부를 손으로 가리키며 이렇게 말했다.

"감사하다니요? 이건 제 회사가 아닙니다. 이게 모두 사장님 것입니다."

예전에 자신이 화재로 어려움을 당했을 때 홍성사의 도움으로 재기한 것을 두고 한 말이었다. 그 이후 홍성사가 두 번째로 부도를 내었을 때에도 그는 앞장서서 홍성사를 밀어 주었다. 나는 그에게 한 번의 도움밖에 주지 않았지만, 그는 두 번의 도움으로 되갚아 주었다. 거래처를 인격적으로 섬기면 그 혜택은 도리어 자신에게 되돌아온다. 모든 제품을 자신의 손으로 직접 만들거나 팔 수 없다면, 거래처가 최선을 다해 주지 않는 한 어떻게 적절한 제품의 생산과 판매를 기대할 수 있겠는가? 거래처를 수하 기관처럼 업신여기며 함부로 대하는 것은 곧 자기 자신을 홀대하는 어리석은 짓이다.

고객

주님께서 행하신 일이 주님의 그리스도 되심을 밝혀 주듯, 기독실업인의 고객에 대한 사랑과 섬김은 고객을 위해 만든 제품이나 행하는 일을 통해 드러나기 마련이다. 고객에게 아무리 미소 띤 얼굴로 다가가도 제품이 불량하거나 일의 내용이 부실하다면 그것은 고객을 속이는 거짓 행위에 지나지 않는다. 따라서 무엇보다도 끊임없는 기술 개발과 연마에 기인한 최선의 제품으로 고객을 섬겨야 한다.

독일에 살고 있는 교민에 의하면, 그곳 제품은 무엇이든 사용하다 보면 지루해진다고 한다. 세탁기든 커피포트든 20년 이상을 사용해도 고장이 나지 않으니, 멀쩡한 것을 두고 새것으로 교체할 수가 없기 때문이다. 우리의 경우는 어떤가? 나는 아직까지 20년 이상 고장 없이 사용할 수 있는 국산 세탁기가 있다는 말을 들어본 적이 없다. 20년은 고사하고 단 한 번의 고장도 없이 몇 년을 버티는 경우도 드물다.

하루 종일 책상 앞에 앉아 있는 내겐 의자가 매우 중요하다. 작년 초에 의자를 구입하였다. 꽤 비싼 의자였는데 며칠 만에 방석 쿠션을 끌어당기는 단추가 터지면서 방석이 위로 솟아올랐다. 판매처에서 새 의자로 바꾸어 주었는데 바로 그 다음날 바퀴가 하나 부서져 버렸다. 또다시 새 의자로 교체되었지만 그 역시 며칠 못 가 바퀴가 나가 버렸다. 판매처는 할 수 없이 그보다 한 등급 아래의 의자로 교환해 주었다. 목욕탕의 샤워기에 이상이 있어 새것으로 바꿔 달았다. 그런데 몇 달 지나지 않아 또다시 물이 샜다. 그러나 고무 패킹 대신 베어링으로 물을 잠그는 구조라 수리가 불가능하다고 했다. 어쩔 수 없이 울며 겨자 먹기로 또 새것을 구입하였다. 이번에는 샤워기에서 물이 제대로 나오지 않았다. 벽 속의 수도관과 샤워기를 연결하는 이음새 윗부분의 수량 조절 나사가 필요 이상으로 커서 수압을 죽여 버리는 탓이었다. 생산자가 모양만 예쁘게 디자인했을 뿐 물의 흐름은 전혀 고려하지 않은 결과였다. 책상이나 가구에 붙어 있는 단추 형태의 손잡이가 1년이 못 가 빠지거나 서랍이 삐걱거리는 예는 다반사다. 국산품을 애용하는 소비자가 당하는 물적 시간적 낭비가 어찌 이뿐이겠는가? 그러나 기독실업인의 제품은 달라야 한다. 기독실업인의 대고객 신앙고백은 자신의 제품으로 드러나기 때문이다.

국제적으로 미술품을 거래하는 화랑 경영자의 이야기다. 모두 다 그런 것은 아니지만, 대체적으로 한국 화가의 경우 자신이 받는 그림값의 10퍼센트 정도만 다음 작품을 위해 투자한다고 한다. 이를테면 100만 원을 받았을 경우 10만 원만 재투자하고 나머지 90만 원은 신형 자동차나 큰 평수의 아파트 구입비로 지불하는 식이다. 그 결과 그 다음 작품은 대개 50만 원짜리로 전락하고 만다. 대다수의 한국 화가 수명이 짧은 것은 이런 생활 방식과 무관하지 않다고 한다. 그러나 그가 알고 있는 외국 화가들은 정반대라고 했다. 100만 원의 그림값을 받았을 경우 10만 원만 자신을 위해 쓰고 나머지 90만 원은 모두 다음 작품을 위해 투자한다. 그래서 두 번째 작품 가격은 500만 원이 되고, 그 중에서 다시 400만 원을 투자한 세 번째 작품은 1,000만 원을 호가한다. 이런 식으로 외국 화가의 그림은 횟수를 거듭할수록 그 가치가 계속 확대 재생산된다는 것이다. 더 나은 물감을 구입하기 위해 자신의 그림을 팔았던 렘브란트가 세계적 화가가 된 것은 우연한 일이 아니었다. 이것은 비단 화가에게 국한된 이야기가 아니다. 한국의 기업인들 역시 마찬가지다. 기업보다 자기 승용차나 주거의 크기에 더 많은 관심을 쏟는 기업인이 허다하고 그로 인해 부실화된 기업이 부지기수다. 그러나 기독경영인마저 그럴 수는 없다. 기독경영인은 자신의 유익을 위해서가 아니라 고객을 사랑하고 섬기는 소명을 위해 기독기업을 경영하는 자이기에, 무엇보다도 그 소명에 합당하도록 자기 계발에 충실하지 않으면 안 된다.

고객을 제대로 사랑하고 섬기기 위해서는 먼저 고객을 정확하게 알아야 한다. 고객과 무관한 기술 개발은 관객을 도외시한 연극과 같아 시간 낭비일 뿐이다. 서두의 빵집 주인에게 되돌아가 보자. 그는 탁월한 제빵 기술 보유자로 언제나 최고급 재료만을 사용하지만, 빵집이 위치한 동네가 경제적으로 넉넉지 못한 곳인지라 늘 판매 실적이 신통치 않은 것 때문에 하나님에 대한 원망을 지니고 있다. 하지만 탁월하다는 그의 제빵 기술은 누구를 위한 탁월함인가? 자신의 입맛에 맞는 탁월함인가, 아니면 빵집이 위치한 동네 사람들의 입맛을 위한 탁월함인가?

초콜릿과 같은 유제품을 포함하여 스위스의 과자는 세계 최고 수준의 맛과 질을 자랑한다. 세계 최대의 제과 회사 '네슬레' 역시 스위스 회사다. 그러나 내가 3년간 스위스에 거하는 동안 방학 때마다 한국에서 나를 만나러 온 우리 아이들은 스위스 과자를 좋아하지 않았다. 첫 방학 때 아이들의 도착에 맞추어 스위스 과자를 종류대로 준비해 두었지만, 아이들은 한 번 맛을 본 뒤론 즐겨 찾지 않았다. 그 대신 베트남인이 경영하는 식품 가게를 찾아 한국으로부터 직수입한 한국 과자를 주로 사 먹었다. 그곳에서는 한국 과자가 수입 과자라 스위스 과자보다 더 비싸다. 왜 아이들이 세계적으로 유명한 스위스 과자를 외면, 굳이 한국 과자를 고집했을까? 김치와 된장 맛에 익숙한 우리 아이들의 입에는 그저 달기만 한 스위스 과자가 달갑지 않았기 때문이다. 제빵 기술이 좋다는 것만으로는 안 된다. 그 좋은 기술로 고객의 입맛에 맞는 빵을 만들어야지 자기 입에 흡족한 것으로 그친다면 그것은 빵집 경영자로서는 탁월한 기술이 아니다.

외국을 여행하는 사람 중에 한국과는 다른 코카콜라 맛을 의아해하는 사람이 간혹 있다. 거의 모든 사람들은 우리가 한국에서 마시는 코카콜라의 맛이 전 세계적으로 동일한 것으로 잘못 알고 있다. 그러나 코카콜라의 맛은 실은 나라마다 다르다. 코카콜라 회사는 어느 나라든 진출하기 전에 전문가들이 사전에 해당 국가의 주요 음식을 시식, 그

나라 사람들의 공통된 입맛을 찾아낸 뒤 거기에 적합한 향료를 사용한다고 한다. 실제로 스위스와 프랑스, 독일은 한데 붙어 있지만 그러나 국경을 건널 때마다 코카콜라의 맛은 달라진다. 해마다 세계에서 기업 브랜드 가치 1위를 차지하는 기업은 마이크로소프트사나 GM자동차가 아니라 항상 코카콜라다. 이것은 우연의 결과가 아니다. 컴퓨터나 자동차에 비한다면 그야말로 볼품없는, 단 몇 모금의 음료수에 지나지 않지만 이렇듯 철저하게 고객을 연구하고 분석한 결과다. 그러므로 앞에서 언급한 빵집 경영자의 경우, 탁월한 기술과 좋은 재료를 가지고도 빵이 팔리지 않는다고 하나님을 원망할 일이 아니다. 골방에서 빵이 팔리게 해 달라고 기도만 할 일도 아니다. 그 동네에서 빵집을 경영하는 것이 진정 하나님의 소명이라고 믿는다면 그는 경제적으로 넉넉지 못하다는 그 동네에서 사람들이 가장 많이 찾는 식당들을 순례하면서, 그리고 편의점 등에서 무슨 과자가 제일 많이 팔리는지를 조사하면서 그 동네 사람들의 공통된 입맛을 찾아 거기에 맞는 빵을 만들어야 한다. 그 동네 사람들은 그들의 입맛에 맞는 빵을 만들어 섬기도록 하나님께서 빵집 주인에게 붙여 주신 하나님의 사람들이기 때문이다.

적정한 가격의 책정도 기독경영자가 고객을 섬기는 과정에서 빼어놓을 수 없는 항목이다. 어떤 경우에도 폭리는 있을 수 없다. 한국은 현재 반도체메모리 분야에서 세계 최고의 기술을 보유하고 있다. 그런데 개당 가격이 비쌀 때엔 30달러 이상이다가 싸지면 2달러까지 폭락한다. 동일 반도체의 제일 비싼 가격이 가장 싼 가격의 15배에 이르는 것이다. 만약 2달러의 가격에도 손해가 나지 않는다면 30달러의 가격은

폭리라 할 수 있다. 이것은 수요와 공급의 원칙상 세상기업에서는 당연한 일이다. 기회가 왔을 때 최고의 가격으로 최대의 수익을 올리지 못하는 기업은 기업의 축에 낄 수도 없다. 그러나 기독기업, 기독경영자는 이래서는 안 된다. 기독기업은 돈이 아니라 '사람 사랑'을 목적으로 하는 기업이요, '사람 사랑'의 대상에는 응당 고객이 포함되어 있다. 어느 기독기업이 누구도 흉내 낼 수 없는 독자적인 기술을 보유하고 있다면, 하나님께서 그 기업 홀로 폭리를 취하라고 그 기술을 주신 것이 아니라 고객들과 겸손하게 나누라고 주신 것이다. 그러므로 기독경영자는 자발적으로 적정 가격 이상을 염두에 두어서는 안 된다. 뒤에서 이유를 다시 설명하겠지만, 홍성사에는 같은 규모의 타 출판사에 비해 약 두 배의 인원이 있다. 인원만 많은 것이 아니라, 보다 완전한 출판을 위해 편집 및 제작 기간도 타 출판사에 비해 훨씬 길다. 그러나 그로 인해 발생하는 추가 비용을 모두 원가에 포함시키지 않는다. 거의 대부분을 홍성사가 흡수 부담, 자체적으로 산정한 적정 가격 이상을 받지 않는다. 고객을 섬기기 위함임은 두말할 나위가 없다.

한국 사람치고 명동칼국수를 모르는 사람은 드물다. 명동칼국수란, 지금은 '명동교자'로 상호가 바뀌었지만 1969년 말 서울의 명동에서 시작된 '명동칼국수'의 국수다. 그 이름이 얼마나 유명한지 같은 이름의 상호가 전국 도저에 깔려 있고, 심지어는 로스앤젤레스와 뉴욕에노 있다. 1970년부터 소공동에서 근무했던 나는 명동칼국수의 성장을 옆에서 지켜보았다. 명동칼국수가 명동에 선을 보일 때 국수집이 이 집만 있었던 것이 아니다. 한국인이 국수를 좋아하는 만큼 명동에는 각종 국수집이 운집해 있었다. 그런데도 명동칼국수가 삽시간에 국수 업계를 평정, 명실공히 한국을 대표하는 한국 칼국수의 대명사로 부상하게 된 계기가 있었다. 명동칼국수의 맛은, 물론 칼국수 그 자체의 맛도 타의 추종을 불허하지만, 뭐니 뭐니 해도 그 집만의 독특한 김치에 있다. 신선한 배추에 최고의 양념으로 버무린 김치는 한국인의 입맛을 사로잡고도 남는다. 국수 한 그릇을 먹는 동안 아무리 김치를 많이 먹어도 싫다는 내색도 없이 달라는 대로 준다. 처음 명동칼국수가 문을 열었을 때 국수와 김치 맛에 매료된 사람들이 몰려들었지만 주로 명동이나 소공동에서 일하는 직장인들이 주 고객이었다. 70년대 초 배추 파동이 전국을 강타했을 때다. 배추 값이 문자 그대로 금값으로 폭등한 것이다. 웬만한 서민들은 김치를 담가 먹을 엄두조차 내지 못했고, 거의 모든 한식당들은 김치 대신 단무지를 내어놓을 정도였다. 명동칼국수도 배추파동으로 타격을 받기는 마찬가지였다. 다른 업소에 비해 더 좋은 배추에 더 좋은 양념을 쓰다 보니 원가가 치솟을 수밖에 없었다. 그러나 명동칼국수는 예전과 똑같은 김치를 변함없이 제공하였다. 그렇다고 가격을 인상하지도 않았다. 배추 파동이 끝날 때까지 김치의 원가 상승폭만큼 이문의 감소를 감수하면서도 고객으로 하여금 김치를 마음대로 먹을 수 있도록 배려한 것이다. 그때부터 명동칼국수에는 김치를 먹고 싶은 사람들이 원근각처에서 모여들기 시작했다. 나 역시 매일 점심시간마다 명동칼국수로 출근하였다. 도대체 얼마나 많은 사람들이 모여드는지 날이면 날마다 줄을 서서 한참씩 기다려야만 했다. 그해 배추 파동은 상당 기간 지속되었는데 그 파동이 끝나기도 전에 명동칼국수는 이미 장안의 명물이 되었고, 30년이 지난 오늘날엔 국제적으로 명성을 날리고 있다. 적정 가격으로 고객을 섬기는 것은 고객만을 위한 것이 아니다. 섬김을 받은 고객은 반드시 자신을 섬기는 업소나 기업의 평생 고객이 되기 마련이다.

사회

기독경영인의 사랑과 섬김의 대상에는 그가 속해 있는 사회도 응당 포함된다. 사회라 함은 국가를 포함하여 그 속에서 살아가는 사람을 의미함은 물론이다. 사회 섬김이라면 크리스천들은 흔히 고아원이나 양로원 같은 자선 기관을 찾아 위문 금품을 전달하거나 봉사하는 것을 연상한다. 물론 그것도 아름다운 사랑과 섬김이다. 그러나 기독실업인과 기독기업에는 그보다 더 중요하고 본질적인 사회 섬김이 있다. 헌법에 규정된 납세의 의무를 성실히 이행하는 것이다. 기독경영인에게 납세보다 더 확실하고 구체적인 사회 사랑, 섬김은 없다. 법을 위반하고 탈세한 돈의 일부로 자선 기관을 돕는 것은 세상기업인이라면 모르되 기독실업인으로서는 결코 해서는 안 될 일이다.

기독실업인은 "가이사의 것은 가이사에게, 하나님의 것은 하나님께 바치라"는 주님의 명령을 좇는 자다. 2천 년 전 유대인에게 세금이란 그들의 지배자인 가이사, 즉 로마 황제의 것이었다. 그럼에도 주님께서는 세금을 금하지 않으셨다. 세금 없이는 하나님께서 허락하신 국가나 사회 공동체가 존립할 수 없기 때문이다. 오늘날 우리 사회는 로마 제국과 같은 전제 군주 국가가 아니다. 세금이 특정 권력자의 전유물로 귀속되는 것은 더더욱 아니다. 세금으로 국가가 유지되고, 국방이 가능하며, 각종 교육과 사회보장이 실시된다. 그 혜택은 국민 모두에게 돌아간다. 그렇다면 대명천지인 오늘날의 세금은 얼마나 신성한 사회적 나눔인가?

어떤 경우에도 기독실업인에게 구제가 탈세의 명분이거나 면죄부가 될 수는 없다. 기독기업이 비영리 자선 단체가 아닌 이상 탈세한 돈으로 구제하기보다는 차라리 구제를 못할지언정 정직하게 세금을 납부하는 것이 더 중요하다. 그것이 기독기업이 세상 속에서 '하나님 사랑'과 '사람 사랑'의 X를 구현하는 길이요, 그때 기독기업은 이 세상을 정화시키는 주님의 도구가 될 수 있다. 헌법에 명시되어 있는 납세의 의무를 외면하고서야 어찌 세상을 바로 세우는 기독기업이 될 수 있겠는가? 사람들은 한국적인 풍토 속에서는 탈세를 하지 않을 수 없고, 아무리 정직하게 세금을 납부해도 세무서가 믿어 주지 않는다고 말한다. 그러나 그것 역시 탈세의 명분이 될 수는 없다. 기독기업은 주님을 위해 '순교'와 '핍박'을 당할 각오가 되어 있어야 한다. 주님께서는 그런 각오를 실천하는 기업을 통해 이 세상을 정화시키신다.

이미 언급한 바와 같이 나는 1970년 12월 1일부터 외국인 회사에서 사회생활을 시작하였다. 처음 몇 달 동안은 주어진 업무를 익히느라 정신이 없었다. 이듬해 봄, 드디어 내게 첫 번째 주요 사명이 떨어졌다. 그런데 그 사명이 세무공무원에게 뇌물을 전하는 일이었다. 당시 내가 일하던 외국기업은 소위 이중장부를 사용하고 있었다. 막대한 금액을 장부에서 고의로 누락시키고 그 금액에 해당하는 세금을 탈루했는데, 그 해 초 세무 실사에서 들통이 난 것이다. 신입 사원이었던 나는 탈세 금액이 얼마나 되는지, 어떤 방식으로 탈세를 했는지, 어쩌다가 세무 실사에서 적발되었는지 전혀 알지 못했다. 사건이 터지자 외국인 책임자가 직접 담당 세무공무원을 만나 뇌물로 사건을 무마하기로 합의한 뒤, 나에게 뇌물 전달의 책임을 맡긴 것이다. 모 술집에 가면 세무공무원들이 나올 테니 함께 술을 마시면서 자연스럽게 봉투를 전해 주라며, 내가 보는 앞에서 봉투 속의 금액을 직접 확인시켜 주었다. 봉투 속에는 10만 원 권 수표가 15장, 그러니까 150만 원이 들어 있었다. 1971년 초 서울 변두리 국민주택 한 채 값이 60-70만 원 정도였으니 당시의 150만 원이 얼마나 큰 금액이었는지는 짐작할 수 있을 것이다. 직속상관의 첫 명령이기에 봉투를 받아들긴 했지만 영 마음이 불편했다. 대학을 갓 졸업한 젊은이가 외국인의 하수인이 되어 공무원에게 뇌물을 전해야 한다는 현실을 선뜻 받아들이기 어려웠다. 지정된 술집에서 세무공무원을 만났지만, 차마 안주머니 속의 봉투를 꺼내어 전해 줄 용기가 나지 않았다. 공연히 술만 마시며 엉뚱한 소리를 하느라 애꿎은 시간만 자꾸 흘러갔다. 그때는 밤 12시면 통행금지가 실시되던 때다. 밤 11시가 되어서도 내가 봉투 내밀 생각을 않자 기다리다 지친 세무공무원이 빨리 봉투를 달라고 재촉했다. 봉투를 전해 주는 내가 도리어 부끄러웠다.

이튿날 오후 3시경 세무공무원으로부터 전화가 왔다. 조선호텔 앞 '신신사우나탕'에 있으니 곧 나오라는 것이었다. 휴게실에서 만난 그는 내게 봉투를 내밀었다. 의아해하는 나에게 무조건 열어 보라고 했다. 봉투 속에는 10만 원 권 수표가 3장, 그러니까 30만 원이 들어 있었다. 수표 발행처와 날짜를 보건대 어제 내가 건네주었던 150만 원 중 일부임이 분명했다. 웬 돈 봉투냐고 묻자, 다 알면서 무슨 능청을 떠느냐는 식으로 받았다. 내가 그 봉투의 의미에 대해 정말 무지함을 확인한 후 그가 말했다. 민간업자로부터 뇌물을 받으면 으레 20-30퍼센트를 전달자에게 리베이트로 되돌려 주는 것이 관행이라고 했다. 내가 가정을 가진 자라면 30퍼센트를 주겠지만, 이제 대학을 갓 졸업한 미혼이므로 20퍼센트의 리베이트라고 했다. 이를테면 돈을 전달한 내가 어떤 경우에도 고발하거나 누설할 수 없도록 공범을 만드는 것이었다. 지금은 그렇지 않으리라 생각하지만, 바로 이것이 34년 전 대한민국의 실상이었다. 대한민국 전체가 거대한 부정의 사슬로 얽혀 있어 그 속에 있는 자는 서로 공범이 되는 셈이었다. 내가 봉투를 거절하자 세무공무원은, 그렇다면 어제 받은 150만 원을 되돌려 주고 회사에 가산금을 포함하여 탈루 세액을 추정하겠다고 했다. 신입 사원이었던 나로서는 회사가 그 지경이 되도록 내버려 둘 만큼 무모할 수는 없었다. 어쩔 수 없이 30만 원을 건네받은 나는 회사에 돌아와 외국인 책임자에게 자초지종을 설명한 뒤 그 돈 봉투를 반납하였다. 그 돈이 본래 회사의 공금이기도 했지만, 세무공무원의 공범으로 남기가 싫었기 때문이다. 나는 그때 외국인 책임자가 세무공무원에 대한 뇌물 전달의 책임을 왜 신입 사원인 내게 시켰는지 그 이유를 알지 못한다. 그러나 그것은 나에게는 참으로 귀중한 경험이었다. 그날 나는 굳게 결심하였다. 이 다음 내가 나의 사업을 하게 되면 어떤 경우에도 탈세하지 않겠다는 결심이었다.

1974년 홍성사를 설립한 뒤 외국 항공회사 총대리점 사업을 할 땐 아무 문제가 없었다. 외국 항공회사와의 거래였기에 세무 자료를 100퍼센트 소신껏 발급할 수 있었다. 그러나 1977년 말 홍성사가 출판업에 진출하면서부터 심각한 국면에 봉착하였다. 당시 서적 관련 업계는 실 매출의 30퍼센트 정도만 세무 신고하는 것이 관행이었다. 그런데 홍성사가 100퍼센트 세무 자료를 발급하자, 홍성사로 인해 자기 업체의 과세 표준이 올라갈 것을 우려한 업체들의 반발이 심했다. 각오는 하고 있었지만 예상보다 그 도가 훨씬 심했다. 일부 서점들이 홍성사 서적 취급을 거부하면서 관행을 좇으라고 압력을 가했지만, 나는 최고의 필진을 동원하여 〈홍성신서〉 시리즈를 발간하면서 세무 자료 100퍼센트 발급을 계속하였다. 어느 날 유명한 도매서적상 사장이 나를 찾아왔다. 당시 50대이던 그는 20대의 나에게 근 30분 동안 훈계를 했는데 그 요지는 이런 내용이었다. 출판인에겐 좋은 책을 한 사람이라도 더 많은 독자에게 전해야 할 숭고한 의무가 있다. 그런데 홍성사의 세무 정책으로 서점들이 홍성사 서적을 기피한다면 어떻게 출판인의 의무를 다할 수 있겠는가? 따라서 관행을 존중하면서 출판인의 의무에 충실하라는 것이었다. 나는 헌법에 명시된 납세의 의무가 출판인의 더 큰 의무라 판단하므로 관행을 좇지는 않겠다며 양해를 구했다. 그 순간 갑자기 그가 자리에서 벌떡 일어서더니, 나를 향해 삿대질을 하며 반말로 소리쳤다.

"너 이 바닥에서 1년 내로 망하지 않으면 내 손에 장을 지져라!"

그로부터 1년이 채 지나기 전에 그가 다시 나를 찾아왔다. 지난 번 자신의 언행에 대해 사과하면서, 세무 자료를 100퍼센트 다 받겠으니 홍성사 서적을 공급해 달라는 것이었다. 젊은 독자들이 즐겨 찾는 홍성사 서적을 갖추지 않고서는 자신이 경영하는 도매상의 경쟁력이 떨어지기 때문이었다. 이런 우여곡절을 겪으며 마침내 전국의 서점들이 홍성사와의 거래는 으레 100퍼센트 세무 신고해야 하는 것으로 받아들이게 되었다. 지업사, 인쇄소, 제본소 등과 같은 제작 업체들도 마찬가지였다.

세금과 관련하여 거래처들과의 문제는 해소되었지만 또 하나의 어려움은 여전히 남아 있었다. 세무서가 홍성사의 정직을 믿어 주지 않는 것이었다. 홍성사 역시 이중장부를 갖고 매출액 중 상당 부분을 누락하는 것으로 단정, 여러 차례 부당한 추징금을 물리기도 했다. 온 세상이 탈세를 당연하게 여기던 시절이었으니 세무서로서도 그렇게 할 수밖에 없었을 것이다. 억울했지만 어쩔 수 없었다. 세무서가 홍성사를 믿어 주기까지 기다리는 수밖에 없었다. 몇 해가 지난 뒤 마침내 세무서는 홍성사가 고의로 탈세하는 기업이 아님을 인정해 주었다. 단지 시간 문제일 뿐, 사람의 진심은 결국 통하는 법이었다.

홍성사의 납세 의무 이행은 홍성사만의 일로 끝나지 않았다. 출판사나 서점 경영자 중에는 자기 소신이나 신앙양심에 따라 탈세하지 않으려는 마음을 지닌 자들이 적지 않았지만, 거래처와의 관계상 어쩔 수 없이 탈세의 관행을 좇고 있었다. 그러나 홍성사가 세무 자료 100퍼센트 발급을 관철시키자 그들도 납세의 의무를 다하기 시작하면서 서적 관련 업계가 서서히 정화되기 시작했다. 지금은 출판사나 서점 경영자가 탈세하지 않으려는 의지만 있으면 실천에 아무 어려움이 없을 정도로 업계가 투명해졌다. 그러나 25년 전 그것은 혁명적인 사건이었고, 결과적으로 홍성사가 그 물꼬를 튼 셈이었다. 수천 개에 달하는 국내 출판사 가운데 홍성사는 미미한 업체에 지나지 않지만, 주님께서는 그 작은 홍성사를 통해 우리 사회의 한 부분을 정화시켜 주신 것이다.

이제 다시 서두의 빵집 주인을 생각해 보자. 그는 정직하게 세금을 납부했는데도 세무서로부터 표창장을 받기는커녕 도리어 부당하게 세금을 추징당한 현실을 받아들이지 못하고 있다. 그러나 진정한 크리스천은 그런 현실을 믿음으로 받아들여야만 한다. 많은 사람들이 기독교인에 대한 박해와 핍박의 시기는 오래 전에 끝났다고 말한다. 그러나 그것은 결코 사실이 아니다. 참된 크리스천이 되기 원하는 자에 대한 세상의 핍박과 박해는 여전히 계속되고 있다. 신앙양심을 지키기 위해서는 아직도 여러 가지 불이익을 당할 때가 허다하다. 그것이 곧 핍박과 박해요, 그것을 감수하는 자가 진정한 크리스천이며, 주님께서는 그런 자를 통해 세상을 정화시키신다. 대부분의 빵집들이 정직한 납세 의무를 기피하고 있다면, 세무서가 성실하게 세금을 납부한 빵집마저 여타 빵집과 동일하게 간주하는 것은 당장은 당연한 일이다. 그 빵집은 부당한 추징금을 당하는 박해와 핍박을 감수해야 한다. 언제까지? 세무서가 믿어 줄 때까지다.

불의에 찬 세상을 정화시키려면 누군가가 대가를 치르지 않으면 안 된다. 오늘날 서부 유럽이 투명한 사회를 형성하게 된 것은 결코 우연의 산물이 아니다. 오랜 세월에 걸쳐 정직하고 정의로운 사회를 건설하기 위해 수많은 사람들이 기꺼이 대가를 치렀기 때문이다. 그 몫은 언제나 크리스천의 것이다. 세상의 빛과 소금이어야 할 크리스천들이 사회 정화의 대가를 치르려 하지 않는다면 대체 누가 치르겠으며, 과연 우리 사회가 어떻게 정화될 수 있겠는가? 결국 우리 자식들 역시 불의한 세상 속에서 불의에 굴하며 살아갈 수밖에 없을 것이다. 홍성사가 두 번에 걸친 부도를 겪고 그로 인해 나의 전 재산을 쏟아 부어야 했던 것은 전적으로 나의 경영 미숙 탓이었지만, 탈세의 관행을 따르려 하지 않았던 것 역시 주요 원인 중의 하나였음은 부정할 수 없다. 그러나 그로 인한 일말의 후회도 없다. 홍성사로 인해 관련 업계가 정화될 수 있었다는 것만으로도 홍성사가 이 땅에 기독기업으로 존재할 이유가 충분했다고 믿기 때문이다.

우리가 믿는 하나님은 전설이나 동화 속의 주인공이 아니라 천지를 창조하신 살아 계신 하나님이시다. 어떤 기업이든 그가 속해 있는 사회와 국가의 법을 지키기 위해 대가 치르기를 두려워하지 않는 한, 전능하신 하나님께서는 그 기업을 통로로 삼아 반드시 그 기업이 속한 업계를, 세상을 정화시켜 주신다. 이것은 기독기업만이 할 수 있는 지고의 '사람 사랑'이다. 사람을 정화된 세상에서 살게 해 주는 것보다 더 큰 '사람 사랑'이 어디에 있겠는가?

환경

　기독경영인의 사랑과 섬김의 대상에는 자기 기업의 주위 환경도 포함된다.

　공장의 경우 환경이란 자연이다. 자기 공장에서 배출되는 폐수나 폐기물 혹은 배기가스가 어떤 경우에도 자연을 오염시켜서는 안 된다. 우리나라 사람들이 가장 동경하는 나라가 스위스라는 통계를 본 적이 있다. 그러나 그림처럼 아름답고 수정처럼 맑은 스위스의 산하는 절로 보존되는 것이 아니다. 국민 한 사람 한 사람이 자신에 의해 자연이 오염되거나 훼손되지 않도록 세심하게 주의를 기울이는 결과다. 자연을 고의적으로 오염시키는 것은 그 속에서 살아가는 생명에 대한 살인 행위다. 물론 그 생명 속엔 오염자 자신의 생명도 포함되어 있으므로 그것은 자해 행위이기도 하다. 결국 자연을 오염시키는 것은 십계명 중 '살인하지 말라'는 제6계명을 범하는 죄악이다. 천하보다 더 귀한 생명인 사람을 사랑해야 할 크리스천으로서는 어떤 경우에도 피해야 할 일이다.

　도심에 위치한 기업이라면 그 기업의 환경은 기업 주위에 거하고 있는 사람들이다. 기독실업인으로 널리 알려진 한 사업가가 서울 시내 아파트 밀집 지역 인근에 대형 빌딩을 건축하였다. 보기에도 웅대한 그 대형 빌딩은 건물주인 기독실업인의 성공의 상징처럼 여겨지고 있다. 그러나 그 대형 빌딩으로 인해 인근 주민들은 밤낮 극심한 교통 체증에 시달려야만 한다. 가끔 그 동네를 지나치며 교통 체증으로 거북

이 운행을 할 때마다 나는 그곳 주민들의 불편을 뼈저리게 느끼며 마음속으로부터 제기되는 질문의 소리를 듣곤 한다. 과연 이 건물주인 기독실업인은 자신으로 인해 야기된 주민들의 불편을 알기나 할까? 매일 교통 체증에 시달리는 주민들은 독실한 크리스천으로 알려진 건물주의 믿음을 어떻게 평가하고 있을까? 모든 기독실업인들이 깊이 생각해 보아야 할 명제다.

홍성사가 합정동으로 옮긴 것은 올해로 벌써 20년째다. 11년 전의 일이다. 홍성사를 책임진 아내는 홍성사가 이웃에 어떤 영향을 미치고 있는지 생각해 보았다. 모두 부정적인 것뿐이었다. 매일 책을 실어 나르고 많은 사람이 오가느라 소음과 먼지만 일으키고, 일반 가정집에 비해 훨씬 많은 쓰레기와 오물을 배출할 따름이었다. 한마디로 이웃에 불편만 주었지 유익을 끼친 것이라곤 없었다. 아내는 동네 주민을 위해 '글방'을 만들었다. 20평의 공간을 얻어 새로 구입한 5천여 권의 서적을 비치, 동네 주민들이 마음껏 이용토록 한 것이다. 11년이 지난 지금 '글방'은 동네 아이들의 공부방 겸 놀이터고, 동네 주부들의 교제 장소다. 시간이 지나면서 여러 자원봉사자들이 자발적으로 생겨났는데, 이를테면 아이들에게 일주일에 한 번씩 성경 이야기를 들려주는 할아버지, 영어를 가르쳐 주는 권사님, 미술실습을 시켜 주는 집사님 등이다. 동네 주부들은 주부들대로 여러 프로그램을 만들어 아이들을 위해 봉사한다. 지난 11년 동안 홍성사가 이 '글방'을 유지하기 위해 지출한 비용은 시설비와 서적구입비를 포함하여 2억 원이 넘는다. 그러나 홍성사가 '글방'을 통해 이웃 주민들에게 비로소 '사람 사랑'을 실천할 수 있었음에 비하면 2억 원은 결코 큰 돈이 아니다.

미래

기독경영인의 사랑과 섬김은 미래, 다시 말해 미래의 사람까지 포함해야 한다. 기업의 특성 중 하나가 지속성인 만큼 기업은 항상 미래지향적이어야 하고, 기독기업의 미래지향성은 미래에도 그 기업과 관련을 맺고 있을 사람들을 위한 건실한 토대의 구축으로 나타나야 한다. 미래를 위한 인력 개발 및 기술 투자는 말할 것도 없고, 법으로 제정되어 있는 각종 적립금과 충당금을 충실하게 적립해야 한다. 그 모든 것이 사람들의 미래를 사랑하는 것이요, 미래의 사람들을 섬기는 행위다. 기독실업인은 자신이 오늘 어떤 생각을 지니고 있느냐에 따라 수많은 사람들의 미래가 달라질 수 있음을 잊어서는 안 된다.

동료 직원

기독경영자가 실천해야 할 '사람 사랑'의 가장 중요한 대상은 실은 따로 있다. 그 주요 대상은 곧 자신의 기업에서 일하는 동료 직원들이다. 기독기업에 종사하는 직원들은 사주가 설정한 목표를 달성하기 위해 존재하는 비인격적 도구가 아니다. 그들은 기독실업인인 사주가 자신의 기업과 관련하여 구현해야 할 '사람 사랑'의 1차적 대상이다. 이것은 기독기업의 직원들은 가만히 앉아 윗사람의 사랑과 섬김을 받기만 해도 무방하다는 말이 아니다. 크리스천 직원들 역시 서로 사랑하고 사주를 섬겨야 함은 두말할 나위가 없다. 그러나 작은 자가 큰 자를 섬기는 것이 세상의 도리인 반면 큰 자가 작은 자를 섬기는 것이 주님께서 명하신 '사람 사랑'의 원칙이라면, 기독기업에서는 사주가 먼저 사랑과 섬김의 시발점이 되어야 한다. 사주가 직원을 사랑하고 섬긴다는 것은 아무 원칙이나 규칙도 없이 직원을 방치하는 것을 뜻하지 않는다. 물론 사주는 직원들이 자신들의 능력을 100퍼센트 계발할 수 있도록 훌륭한 조련사가 되어야 한다. 그러나 그 모든 과정은 직원을 도구로 부리기 위함이 아니라 섬김과 사랑의 차원에서 이루어져야 한다는 말이다.

이 땅에 헤아릴 수 없이 많은 기독실업인들이 있지만 바로 곁에서 함께 일하는 직원들로부터 진심으로 존경받는 기독실업인은 의외로 드물다. 그 이유가 무엇일까? 기독실업인이 직원을 대하는 태도, 직원에 대한 마음가짐이 불신 사주와 별반 다르지 않기 때문이다.

일본의 도쿠가와 이에야스(德川家康)는 성 없는 성주의 아들로 태어나 3백 년에 걸친 일본 내란을 종식시킨 초대 쇼군으로 유명하다. 군웅할거 시대에 성 없는 성주의 아들 신분으론 생존하는 것조차 쉽지 않았지만, 그는 생존을 뛰어넘어 일본 열도 통일의 위업을 이루었다. 그것은 사람들이 생명을 걸고 그를 따랐기에 가능한 일이었다. 다른 영주들에 비해 가진 것이라곤 전혀 없는 도쿠가와 이에야스를 처음부터 사람들이 좇은 이유는, 그는 타 영주들과는 달리 상대방에게 감동을 주는 사람이었기 때문이다. 그에게 재산이라곤 사람밖에 없었기에 그는 자신을 따르는 사람들을 자신처럼 귀히 여겼다. 항상 상대의 입장에 서서 상대를 이해하고 상대와 함께 삶을 나눈 것이다. 그와 같은 이에야스의 삶은 수하 사람들을 감동시켰고, 그들이 주군과 혼연일체가 되어 바쿠후 시대를 개막한 것은 조금도 이상한 일이 아니었다. 칼을 들고 자기 뜻을 이루려는 무사도 이렇듯 사람을 감동시킨다면, 하물며 X를 구현해야 할 기독기업에 '사람 사랑'의 감동이 없고서야 어떻게 진정한 기독기업, 기독경영자라 할 수 있겠는가?

앞에서 밝힌 것처럼 1974년 10월 1일 홍성사 설립 이후, 외국 항공사 총대리점 사업으로 큰돈을 번 나는 1977년 말 출판업에 진출하였다. 신앙 서적 발간으로 홍성사를 하나님께 바친다는 설립 초기의 서원을 나름대로 지키기 위함이었다. 그 서원을 위해 1979년까지 만 2년간 무려 5억 5천만 원을 투자하였다. 요즈음 돈으로 환산하면 수십억 원에 달하는, 한국 단행본 출판사상 전무후무한 투자였다. 그 막대한 투자에 힘입어, 신생 출판사의 입지를 다지기 위해 먼저 기획한 〈홍성신서〉 시리즈는 곧 단행본 출판시장을 석권, 홍성사의 출판업 진출은 대성공을 거두는 것 같았다. 그러나 불과 6년 사이에 홍성사는 두 번의 부도를 겪었다. 부도 수습을 위해 내가 살던 집을 포함하여 나의 전 재산을 송두리째 쏟아 붓고도 홍성사는 막대한 부채를 지게 되었다. 한국 단행본 출판사상 가장 큰 금액을 투자했던 나는 최대의 실패자가 되고 말았다. 오직 하나님의 영광을 위해 출판업에 진출한다고 했건만 하나님께서는 왜 홍성사를 외면하셨는가? 그 주된 원인은 과연 무엇인가? 기독실업인을 자처했던 내가 홍성사를 기독기업이 아닌 세상기업으로 운영했기 때문이다. 입으로만 하나님의 영광을 되뇌었을 뿐, 나는 직원들을 사랑과 섬김의 대상으로 생각조차 해 본 적이 없었다. 다섯 개 사업 부서에 120여 명에 달했던 직원들은 단지 내가 설정한 목표를 달성하기 위한 비인격적 도구에 지나지 않았다. 한마디로 나는 세상기업인으로도 실패한 사람이었고, 기독실업인으로는 더없이 참담한 실패자였다.

그 와중에 나는 장로회신학대학 신대원을 거쳐 1990년 목사안수를 받게 되었다. 본래는 신대원에 입학하며 홍성사를 처분하려 했지만 10억 원이 넘는 부채가 걸림돌이었다. 그렇다고 목사 지망생이 남의 돈을 떼어먹고 폐업할 수도 없는 노릇이었다. 누군가가 홍성사 경영을 맡아 부채를 갚아 나가야만 했다. 목사안수를 앞두고 어쩔 수 없이 나는 홍성사의 경영을 아내에게 부탁했고, 기업 경력이 전무하던 아내는 오랜 사양 끝에 오직 남편인 나를 돕기 위해 울면서 빚더미의 홍성사에 출근하기 시작했다. 당시 아내는 회계장부를 볼 줄도, 출판의 공정도 전혀 몰랐다. 그러나 아내는 처음부터 한 가지 분명한 원칙을 세웠다. 자신이 홍성사에서 감당해야 할 최우선 과제는, 홍성사에서 함께 일하는 홍성가족들을 섬기는 것이란 원칙이었다. 그것이 자신을 홍성사로 보내신 하나님의 뜻이라 믿었다. 그리고 지난 15년 동안 아내의 원칙에는 변함이 없었다.

같은 매출 규모의 타 출판사에 비해 홍성사에는 거의 두 배의 인원이 일하고 있다고 했다. 직원 수가 그처럼 많은 것은 직원들의 업무 부담을 덜어 주기 위함이다. 아내는 직원들이 직장생활은 물론이요, 가정생활에도 충실하기 위해서는 인원이 절대적으로 많아야 된다고 판단한 것이다. 타 직장으로 이직하거나 학업을 계속하기 위해 스스로 홍성사를 떠난 직원을 제외하면 지난 15년 동안 해고된 직원은 단 한 명도 없었고, 6·25 이후 최대의 국난이라는 IMF 때에도 인적 구조조정은 생각지도 않았다. 상대의 능력 유무를 떠나 일단 홍성가족이 된 이상 더불어 살아야 한다는 믿음 때문이었다. 아내의 공식 직함이 홍성사의 대표이사라고 하여 직원 중에서 제일 많은 봉급을 받는 것은 아니다. 아내보다 더 오랜 기간 동안 홍성사를 위해 헌신한 직원에게 더 많은 봉급을 지급한다. 별도의 판공비를 받지도 않는다. 최근에 새로 구입한 차량 석 대는 모두 간부 직원들의 헌 차를 교체해 주었고, 자신은 7년째 같은 차를 타고 다닌다.

작년에는 은행에서 대출을 받아 서고를 건축하였다. 대지 26평에 건평 56평의 초미니 4층 건물이지만 홍성사의 첫 번째 자체 건물이다. 만약 내가 아직까지 홍성사의 사장이라면 나는 서고를 먼저 짓지는 않을 것이다. 나의 소견으로는 출판사에서 가장 중요한 부서는 편집부와 미술부다. 이 두 부서가 출판사의 생명이다. 한 출판사의 수준과 질은 어떤 내용의 책을 어떻게 가다듬어 어떤 모양으로 펴내느냐로 결정되고, 그 업무가 모두 편집부와 미술부 소관이다. 따라서 경제적 여건상 특정 부서만을 위한 건물을 먼저 지어야 한다면, 나는 두말할 것도 없이 편집부와 미술부 용도의 건물을 건축할 것이다. 그러나 아내의 생각은 전혀 달랐다. 출판사에서 서고 관리를 제외한 타 부서 직원은 10년의 경력만 쌓으면 그 자체가 대외적으로 큰 자산이 된다. 다른 회사로 스카

우트될 수도 있고, 스스로 독립하여 자기 기업을 운영할 수도 있다. 그러나 서고 관리부 직원은 그렇지 못하다. 한 출판사에서 아무리 오래 근무해도 일단 이직하면 다른 곳에서는 자신의 경력을 인정받기 어렵다. 체력을 요하는 서고 관리 업무의 특성상 모든 출판사는 나이 든 경력 사원보다는 젊은이를 선호하는 까닭이다. 이런 연유로 아내는 홍성사에서 가장 크게 섬김을 받아야 할 대상은 서고 관리부라 판단, 협소한 공간에서 고생하는 관리부 직원을 위해 서고를 먼저 건축한 것이다. 책을 쌓아 두는 서고라고 해서 값싼 창고 건물을 지은 것이 아니다. 그곳에서 일하는 사람들의 자부심을 위해 동화처럼 예쁜 집을 지었다. 비록 작은 건물지만 직원들이 가장 편하게 일할 수 있는 구조로 설계하였고, 유압 장치와 엘리베이터에 샤워실까지 갖추었다.

이상 열거한 예들은 직원을 단지 이윤 창출을 위한 도구로만 여겨서는 가능한 일이 아니다. '최소의 경비로 최대의 이윤'을 추구하면서 돈 자체를 목적으로 하는 세상기업인의 관점에서 본다면, 효율성과 비용을 따지지 않고 직원을 먼저 배려하는 아내는 경영자기는커녕 어리석기 짝이 없는 사람이다. 그러나 돈보다 직원을 더 귀히 여기는 아내로 인해 홍성사는 비로소 기독기업으로 거듭나게 되었다.

신비스러운 사실은 내가 돈을 위해 홍성사를 경영하던 시절 그 엄청난 자금과 나의 전 재산을 쏟아 붓고도 두 번의 부도 끝에 홍성사가 빚더미에 앉은 반면, 아내는 도산 직전의 홍성사에서 돈보다 직원을 먼저 섬겼음에도 홍성사의 정상화와 재도약이 이루어진 것이다. 상식적으로만 생각한다면, 돈보다 사람을 더 중히 여기는 아내로 인해 막대한 부채를 지고 있던 홍성사는 이미 파산했어야 마땅할 것 같은데도 말이다. 이것은 진정으로 X의 구현을 위한 기독기업의 길을 걷고자 할 때 주님께서 그 기업과 함께하심의 증좌가 아닐 수 없다. 세상의 측면에서 보자면 아내는 경제 논리와는 거리가 멀어도 한참 먼 미숙한 경영자지만, 믿음의 관점에서 보면 아내는 내가 완전히 망쳐 놓은 회생 불능의 홍성사를 자신이 의식지도 못하는 가운데 기독기업으로 회복시킨, 그리고 X의 구현을 위한 기독기업은 이론이나 이상 속에서만 존재하는 꿈이 아니라 얼마든지 실현가능한 현실임을 확인시켜 준 명실상부한 기독실업인이다.

나는 홍성사의 모든 직원들이 그들을 위한 아내의 마음과 뜻을 100 퍼센트 이해한다거나 전적으로 만족해한다고는 생각하지 않는다. 그러나 나에게는 확신하는 바가 있다. 이 다음에 그들이 독자적으로 자기 기업을 경영하게 될 때, 그들 역시 홍성사에서 보고 배웠던 대로 직원들을 사랑하고 섬기기 위해 수고하고 애쓰는 기독실업인이 될 것이란 사실이다.

생각하면 할수록 자명해진다. 가장 가까이에 있는 동료 직원을 사랑하고 섬기지 않고서야 어찌 '하나님 사랑'과 '사람 사랑'을 요구하시는 'X(그리스도)의 사람(크리스천)'이라 스스로 고백할 수 있겠는가?

위에서 살펴본 것처럼 고객과 거래처의 사람들 그리고 직장 동료들을 섬기기 위해 자기 몫의 감소를 기꺼이 감수하는 것이 기독경영자가 실천해야 할 진정한 나눔이요, 그와 같은 삶 자체가 곧 선교다. 이런 기

독경영자에 의해 하나님의 사랑과 하나님의 정의가 동시에 구축될 것
임은 의심할 여지가 없다. 다음은 사도 바울의 권면이다.

> 누구든지 자기의 유익을 구치 말고 남의 유익을 구하라(고전
> 10:24).

> 나와 같이 모든 일에 모든 사람을 기쁘게 하여 나의 유익을 구
> 치 아니하고 많은 사람의 유익을 구하여 저희로 구원을 얻게 하
> 라(고전 10:33).

세상의 기업인들은 자신의 유익을 구하는 자들이다. 그러나 기독실
업인은 많은 사람의 유익과 구원을 위하여 부름 받은 자다. 그의 삶 속
에서는 사익과 공익이 충돌할 리가 만무하다. 이것을 망각한 기독실업
인은 어떤 의미에서든 더 이상 기독실업인일 수 없다. 그는 사람을 구
원하기는커녕 도리어 자신의 유익을 위해 많은 사람을 실족시킬 것이
기 때문이다.

6
마오쩌둥과 현아

나이 들어 주님을 인격적으로 영접한 화가를 만난 적이 있다. 주님을 만난 직후 그는 자신의 직업에 대해 회의를 느꼈다. 세상의 것을 소재로 그림을 그린다는 것 자체가 부질없이 여겨진 것이다. 한동안은 성경에 자주 등장하는 올리브나무와 포도나무만을 그렸지만, 얼마 지나지 않아 이게 아니라는 생각이 들었다. 그 이후 상당 기간 붓을 잡지 않았다. 그래도 마음이 편치 않기는 매한가지였다. 다시 예전처럼 붓을 잡긴 했지만 과연 무엇이 크리스천 화가로 살아가는 길인지 명확하게 알지 못해 혼란스러워했다.

나는 그에게 크리스천이 맺어야 할 '하나님 사랑'과 '사람 사랑'의 매듭, 즉 X의 매듭에 대해 설명해 주었다. 크리스천 화가란 하나님께서 주신 미술적 재능으로 X의 삶을 구현하는 자다. 예전에는 자신의 명예와 돈을 위해 그림을 그렸다면 이제부터는 X의 실천을 위해, 다시 말해 사람을 섬기기 위해 붓을 잡는 것이다. 자신이 거래하는 화방과 표구점 그리고 화랑의 사람들을 섬기기 위해, 자신의 그림을 선택할 고객을 섬기기 위해 살아가는 것이다. 이제껏 자신의 유익을 위해 그림을 그렸다면 앞으로는 많은 사람의 유익을 위해 그림을 그리는 것이다. 한마디로 자신의 그림을 통해 얻을 수 있는 이득을 한 사람이라도 더 많은 사람과 나누기 위해 화가로 살아가는 것이다. 이 경우 예전과 똑같은 소재의 그림을 그려도 그 동기와 목적이 달라졌기에 화가로 살아가는 그의 삶의 전반적인 태도가 달라지기 마련이다. 따라서 참된 크리스천 화가 됨의 여부는 그림의 소재가 아니라 그림을 통해 '사람 사랑'을 구현하는 그의 삶으로 판명된다. 그런 삶을 사는 한 그가 무슨 그림을 그리든 그의 삶엔 깊은 영적 기쁨이 수반되고, 그는 더없이 훌륭한 기독실업인이 된다. 화가로서 '사람 사랑'을 실천하는 그의 삶이 X의 윗부분, 다시 말해 '하나님 사랑'에 뿌리를 두고 있기 때문이다.

이처럼 X의 구현을 위한 바른 경영의 매듭을 맺는 기독실업인은 이 세상의 어떤 대기업 경영자 앞에서도 당당할 수 있다. 천지를 창조하신 하나님을 믿는다는 기독실업인이 세상의 거대 기업 경영자 앞에서 열등감을 느끼거나 주눅이 드는 것은, 그의 목표가 기독기업이 아니라 거대 기업인 탓이다. 기독기업은 '사람 사랑'을 실천하는 최선의 기업이 되는 것이지, 세상에서 가장 많은 돈을 버는 거대 기업이 되는 데 있지 않다. 기독기업을 운영해 가는 가운데 결과적으로 거대 기업이 될 수는 있지만, 거대 기업 자체를 목표로 삼아서는 X의 구현을 위한 기독기업은 애당초 불가능하다.

한국 경제와 기업을 대표하는 현재의 전국경제인연합회는 1961년, 창립 회원 13개사가 당시 국내 각 분야의 대표적인 100개 기업을 영입하여 발족하였다. 그 많은 기업들 가운데 오늘날 몇 개의 기업이 기업다운 기업으로 남아 있는가? 대다수는 흔적도 없이 사라져 버리지 않았는가? 한때 미국 경제를 주름잡던 카네기의 철강회사는 어디로 갔는가? 미국 최대의 기업이었던 록펠러의 스탠더드 석유회사는 어떻게 되었는가? 미국 뉴욕의 상징처럼 여겨지던 록펠러센터가 일본 미쯔비시에 매각, 미국인의 자존심이 여지없이 무너지지 않았던가? 불과 30년 전 세계 최대의 항공회사로 일컬어지던 하워즈 휴스의 트랜스월드 항공사(TWA) 역시 아메리카 항공사(AA)에 합병되고 말지 않았는가?

기독기업인은 일시적인 거대 기업이 아니라 하나님의 도구로 쓰임 받는 영원한 기독기업을 지향해야 한다. 그것은 영원하신 하나님의 법칙을 좇아 바른 경영의 매듭을 맺는 것으로부터 시작한다. 돈을 목적으로 삼던 헛된 우상의 매듭을 풀고, '하나님 사랑'과 '사람 사랑'을 우선하는 바른 경영의 매듭을 맺을 때 영원하신 하나님께서 그 기업을 당신의 도구로 쓰심은 너무나도 당연한 일이 아니겠는가?

이제 전혀 상반된 두 사람의 이야기를 전하는 것으로 이 장의 결론을 삼고자 한다.

청조(淸朝) 말기 서구 열강이 중국을 유린할 때, 우리나라 서해 건너편의 칭다오(청도)는 독일 차지였다. 오늘날 칭다오 맥주가 중국에서 가장 유명한 것은 이와 무관하지 않다. 맥주의 원조인 독일인들이 칭다오에 맥주 공장을 설립, 칭다오 사람들이 자연스럽게 맥주 제조 비법을 전수받았기 때문이다. 이를테면 중국 최고의 브랜드인 칭다오 맥주는 독일 침략의 서글픈 유산인 셈이다.

칭다오 시가지가 내려다보이는 언덕 위에 세워진 독일 총독 관저는 1949년 중화인민공화국의 출범과 함께 공산당 고위 간부를 위한 영빈관으로 사용되다가, 현재는 일반인의 유료 입장이 가능한 유적지로 관리되고 있다. 거대한 총독 관저 1층은 몇 개의 방들과 큰 거실, 접견실, 회의실, 식당, 주방 등으로 이루어져 있고, 거실 중앙의 웅장한 계단을 올라가면 2층엔 총독 부부 침실, 서재, 아이들의 방 등이 있다. 몇몇 방 문에는 그 방에서 잠을 자고 간 공산당 고위 간부들의 이름이 적혀 있는데, 마오쩌둥(毛澤東)이 한 달 동안이나 휴양을 취했던 방은 총독의 침실이 아니라 놀랍게도 1층 문간방이었다. 암살자가 침입한다면 으레 2층 총독 침실을 노릴 것이기에 마오쩌둥은 스스로 문간방을 선택한 것이다. 게다가 비상시에도 육중한 체격의 마오쩌둥으로서는 반드시 뛰어내려야 하는 2층보다 1층 문간방이 훨씬 용이할 것이었다. 그런가 하면 한때 마오쩌둥의 후계자로 지목되었던 린뱌오(林彪)가 기거한 방은 2층 구석의 골방이었다. 어떤 암살자도 최고의 권력자가 그 속에서 잠을 자리라곤 상상치도 못할 정도의 작은 골방이었다.

총독 관저를 다 둘러보고 나올 때, 그 거대한 관저 속에서 유독 문간방과 골방을 잠자리로 선택하지 않을 수 없었던 마오쩌둥과 린뱌오가 한없이 측은하게 여겨졌다. 자기 야욕을 위해 수없이 많은 사람을 죽이고 짓밟다가 밤만 되면 엄습하는 불안과 두려움을 이기지 못해 자신을 숨긴 채 선잠을 자야 한다면, 세상에 그보다 더 측은한 인생이 또 어디에 있겠는가?

이와 전혀 상반된 이야기의 주인공은 현재 미국에 살고 있는 '현아'란 이름의 젊은 여성이다. 미국 공인회계사 자격시험의 전 과정을 통과한 현아는 자발적으로 회계사 자격을 포기, 추후 재응시하기로 하였는데 그 이유가 나를 놀라게 했다. 이에 관하여 그녀의 남편이 보낸 편지 내용을 본인의 동의하에 전재한다.

현아의 공인회계사 자격증 취득과 관련하여 변동 사항이 있었습니다. 최근 미국 공인회계사 자격증 취득 제도가 변경되었습니다. 현아처럼 이미 시험에 합격한 사람은 나머지 과정을 2005년까지 마쳐야 하고, 실패할 경우에는 변경된 제도에 따라 회계사 시험을 아예 처음부터 다시 치르게 된 것입니다. 현아는 그동안 필요한 수업과 네 가지 시험 과정을 모두 통과하였기에, 남은 것은 회계사 사무실에서 감사관으로 일하며 법에서 요구하는 기간만큼의 경력을 쌓는 일뿐이었습니다. 문제는 현재 현아가 근무하는 회사가 회계 감사 사무실이 아닌 까닭에 늦어도 올 1월까지는 회계사 사무실로 직장을 바꾸어야만 한다는 것이었습니다. 현아는 1999년 대학 졸업 이후 5년 동안 현재의 회사를 다니고 있습니다. 3년 전 미국의 많은 닷컴(dotcom) 회사들이 도산할 때 이 회사도 어려움에 직면, 200명 이상이던 직원이

100명 미만으로 줄어드는 과정 속에서 현아 역시 동료들과 한 마음으로 회사를 지켜 왔습니다. 그리고 이제 겨우 회복 기미를 보이고 있는 판에, 개인적인 유익을 위해 어려운 회사와 동료를 떠난다는 것이 여간 마음에 걸리지 않았습니다. 결국 현아는 회계사 자격증을 포기, 현재의 회사를 계속 다니기로 하였습니다. 다시 말해 회사가 여유로워지면 2005년부터 시행되는 회계사 시험 과정을 처음부터 다시 밟기로 한 것입니다. 어렵게 합격한 시험을 포기, 다시 치러야 하는 안타까움이 없는 것은 아니지만, 그러나 그것이 주님께서 원하시는 길이라 믿고 따르기로 한 것이지요. 이 결정 후 마음 편해하는 현아의 모습을 보며 주님께 감사드리고 있습니다.

2004년 1월 미국에서 K 드림

  미국 회계사 자격증은 마음만 먹는다고 아무나 가질 수 있는 증정품이 아니다. 어렵기는 한국이나 미국이나 매한가지다. 그런데도 현아 가 그 자격증을 스스로 포기한 것은, 물론 다른 이유도 있겠지만, 그러나 가장 가까이에 있는 남편이 보기에는 자신이 다니는 회사 동료들을 위해서였다. 그 회사는 현아의 소유가 아니다. 자신은 그 회사 직원 중 한 명일 뿐이다. 그러나 어려운 회사를 회생시키기 위해 불철주야 애쓰는 회사와 동료들을 배려, 그들의 의욕을 꺾지 않으려 회계사 자격증을 자발적으로 포기하였다. 일반적으로 이런 경우라면 대부분의 크리스천들은 주님의 은혜에 감사드리며 자기 유익을 위해 주저 없이 회사를 옮길 것이다. 그러나 현아는 '사람 사랑'을 위하여 자신의 유익을 포기하였다. 오직 '하나님 사랑'의 믿음 안에서 '사람 사랑'을 실천하는 경영의 매듭을 맺은 것이다. 이런 관점에서 현아가 여전히 회사 직원일지언정 그녀는 실은 누구보다 훌륭한 기독실업인이요, 이 다음 회계사 자격증을 다시 획득하면 그녀의 회계사무소는 틀림없이 어둔 이 세상을 밝히는 기독기업이 될 것이다.

> 만일 내가 내 아버지의 일을 행치 아니하거든 나를 믿지 말려니와 내가 행하거든 나를 믿지 아니할지라도 그 일은 믿으라 그러면 너희가 아버지께서 내 안에 계시고 내가 아버지 안에 있음을 깨달아 알리라(요 10:37-38).

참된 기독실업인 됨의 여부는 자신의 고백이 아니라, 자신이 행하는 일로 판가름 난다. 주님을 믿는 크리스천으로서 진정한 기독실업인이 되기 원한다면 이제 분명하게 선택해야 한다.

우리 앞에는 언제나 두 길이 있다. 숱한 사람을 해치면서까지 자신의 야욕을 위해 살면서도 까닭 없는 불안에 떨며 사는 마오쩌둥의 길과, 사람을 사랑하기 위해 자신을 과감하게 부인할 줄 아는 현아의 길이다. 세상 사람들은 12억 중국인의 생사여탈권을 장악했던 마오쩌둥을 영웅으로 취급하기도 한다. 그러나 성경의 관점에서 본다면 타인을 위해 자신의 것 중 그 무엇도 포기할 줄 몰랐던 마오쩌둥은 소인배 중의 소인배요, 동료를 위해 어렵게 획득한 자신의 유익마저 미련 없이 던진 현아야말로 X를 구현한 거인 중의 거인이다. 우리가 선택해야 할 길이란 두말할 것도 없이 현아가 택한 길이요, 주님께서 우리를 부르신 까닭 역시 이를 위함이다. 이 숭고한 길은 오직 경영의 매듭을 맺는 데서부터 시작된다.

인생의 매듭

지혜자와 같은 자 누구며 사리의 해석을 아는 자 누구냐 사람의 지혜는
그 사람의 얼굴에 광채가 나게 하나니 그 얼굴의 사나운 것이 변하느니라(전 8:1).

1
바나바의 매듭

세월이 흘러갈수록 향기로운 인생이 있는가 하면 그 반대의 인생도 있다. 참된 크리스천에게 세월의 경과는 생의 향기를 더욱 그윽하게 해 주는 촉진제다. 인생의 향기는 인간의 속으로부터 우러나는 법인데, 참된 크리스천은 진리로 자신의 속사람을 가꾸는 자기 때문이다. 이 장에서는 우리의 삶이 연한을 거듭할수록 더 그윽한 향기가 될 수 있게끔, 우리의 일상사 속에서 맺어야 할 매듭에 관해 사도행전을 중심으로 생각해 보기로 하자. 그 첫 번째 매듭은 '바나바의 매듭'이다.

사도행전 4장은 초대 교회의 진면복을 보여 주고 있다.

믿는 무리가 한마음과 한뜻이 되어 모든 물건을 서로 통용하고
제 재물을 조금이라도 제 것이라 하는 이가 하나도 없더라(행

4:32).

초대 교회의 특징은 한마디로 유무상통(有無相通)이었다. 있는 자나 없는 자나 자신의 소유를 모두 내어놓고 필요한 대로 나누어 쓰면서, 누구든지 자기 소유에 대해 소유권을 주장하지 않았다. 어떻게 이런 삶이 현실적으로 가능할 수 있었는가?

> 사도들이 큰 권능으로 주 예수의 부활을 증거하니 무리가 큰 은혜를 얻어(행 4:33).

그 해답은 교인들이 사도들로 인해 은혜를 얻었기 때문이다. 은혜를 얻지 못했던들 상상조차 어려운 일이었다. 여기에서 우리는 목회자의 주요 역할이 무엇인지 알게 된다. 그것은 교인들로 하여금 주님의 은혜를 입을 수 있도록 은혜의 통로가 되는 것이다. 교인들의 삶이 변하지 않는다고 교인들을 탓할 일이 아니다. 교인들은 은혜를 입으면 그 삶이 변하게 되어 있다. 어떻게 목회자가 은혜의 통로가 될 수 있는가? 사도들처럼 자신이 주님의 말씀을 설교한 대로 사는 것이다. 말씀을 좇아 살 때에만 말씀이 그를 통하여 육화(incarnation), 은혜가 임하게 된다.

> 그 중에 핍절한 사람이 없으니 이는 밭과 집 있는 자는 팔아 그 판 것의 값을 가져다가 사도들의 발 앞에 두매 저희가 각 사람의 필요를 따라 나눠 줌이러라(행 4:34-35).

사도들로 인해 은혜를 얻은 교인들이 자신의 전 재산을 내어놓고 유무상통의 삶을 산 결과, 교인 중 경제적으로 곤궁한 자가 없었다. 참으로 위대한 교회요 위대한 교인들이라 할 만하다. 그런데 이처럼 위대한 삶을 살았던 교인들은 모두 익명으로 처리되어 있다. 만약 요즈음 자신의 전 재산을 교회에 바친 사람이 있다면 교회는 어떻게 할까? 주보에 이름과 금액을 명시할 뿐만 아니라 예배 시간에 공표, 뭇 사람의 박수를 받게 할 것이다. 그러나 전 재산을 바친 초대 교회 교인들 중 이름이 밝혀진 사람은 아무도 없었다. 그 이유가 무엇일까? 그들이 그런 삶을 살 수 있었던 것은 그들 자신이 위대해서가 아니라, 주님께서 그렇게 살도록 그들을 변화시켜 주셨기 때문이다. 그런데 이상하게도 유독 한 사람만은 이름이 밝혀져 있다.

구브로에서 난 레위 족인이 있으니 이름은 요셉이라 사도들이 일컬어 바나바(번역하면 권위자)라 하니 그가 밭이 있으매 팔아 값을 가지고 사도들의 발 앞에 두니라(행 4:36-37).

그 주인공은 바나바였다. 바나바는 헬라식 이름이었고, 그의 히브리식 이름은 요셉이었다. 왜 모든 사람이 익명인 가운데 바나바만 기명으로 처리되었을까? 그가 희사한 금액이 교인들 중에 가장 많았기 때문일까? 만약 그로 인함이라면 본문이 그 금액을 분명히 적시하였겠지만 전혀 언급이 없는 것으로 보아 그것이 이유가 아님을 알 수 있다. 그렇다면 무슨 이유에서일까? 이 이후 바나바의 행적을 살펴보면 왜 본문에서 그의 이름만 거명되어 있는지 그 까닭을 알게 된다.

　본문에서 넉 장을 건너뛰어 사도행전 9장에 이르면 나중에 바울로 개명한, 그 유명한 사울의 회심이 일어난다. 초대 교회 핍박의 최선봉에 서 있던 그가 다마스쿠스 도상에서 주님의 부르심을 받은 뒤, 아라비아 광야에서 3년간의 경건 훈련을 거쳐 예루살렘으로 올라갔다. 사도들을 만나 함께 복음을 전하기 위함이었다. 그러나 예루살렘 교인들 중 그를 환영하는 자는 없었다. 크리스천을 핍박하던 그의 전력을 익히 알고 있는 예루살렘 교인들은 사울의 회심 자체를 믿어 주지 않았다. 교회를 일망타진하기 위한 위장전술로 간주한 것이다. 그때 그의 회심의 진정성을 보증해 준 사람이 바로 바나바였다. 바나바의 신원보증으로 인해 사울은 비로소 예루살렘 교회의 문턱을 넘어설 수 있었다. 그 이후 고향 다소에 칩거해 있던 사울을 목회자로 인도해 준 사람 역시 바나바다. 안디옥 교회 담임목사였던 바나바가 교회 목회에 관한 한 전혀 무경력자인 사울을 자신의 동역자로 삼아 준 것이다. 그뿐만이 아니다. 바나바와 사울 일행이 주님의 뜻을 좇아 세계선교의 첫 발을 내디딜 때 그 선교팀의 팀장이 바나바였다. 이를테면 바나바는 사울의 인생에서, 그것도 가장 중요한 인생의 길목에서 없어서는 안 될 존재였다.

　그렇다면 우리는 모든 사람이 익명으로 처리되어 있는 본문 속에서 유독 바나바의 이름만 밝혀져 있는 까닭을 알게 된다. 사울이 주님을 알기도 전에, 알기는커녕 주님을 부정하며 대적하고 있을 때 주님께서는 그를 위해 그의 인생 길목에 이미 바나바를 예비해 두셨음을 일깨워 주시기 위함이다. 나중에 주님의 구원을 입은 사울이 그제야 이 사실을 깨닫고 얼마나 감격했겠는가? 바나바란 이름의 뜻은 권위자(勸慰子), 즉 '위로의 아들'이다. 우리말 '위로'로 번역된 헬라어 '파라클레시스'는 '격려'의 의미도 지니고 있다. 자신이 주님을 알기도 전에 자기 인생의 길목에 이미 바나바를 포진시켜 두셨던 주님의 사랑을 뒤늦게 확인한 사울에게 그보다 더 큰 위로와 격려는 없었다.

> 누가 우리를 그리스도의 사랑에서 끊으리요 환난이나 곤고나 핍박이나 기근이나 적신이나 위험이나 칼이랴 …… 내가 확신하노니 사망이나 생명이나 천사들이나 권세자들이나 현재 일이나 장래 일이나 능력이나 높음이나 깊음이나 다른 아무 피조물이라도 우리를 우리 주 그리스도 예수 안에 있는 하나님의 사랑에서 끊을 수 없으리라(롬 8:35, 38-39).

바울(사울)이 어떤 극한 상황 속에서도 주님만을 위하여 살 수 있었던 것은 주님께서 베푸셨고, 또 베풀고 계시는 '바나바의 은총'으로 인함이었다. 주님을 대적할 때에도 바나바의 은총을 베풀어 주신 주님이시라면, 주님을 위해 자신을 드릴 때 주님께서 더 큰 바나바의 은총으로 함께하실 것임을 확신한 것이다. 그러나 바울은 자기 홀로 바나바의 은총을 누리려 하지 않았다. 다시 말해 주님께서 베푸신 은총의 종착역이 되려 하지 않았다. 그는 기꺼이 그 은총의 통로가 되었다. 그 이후 바울은 그가 만나는 모든 사람들에게 스스로 바나바가 되어 주기 위해 자신의 전 생애를 바쳤다. 루스드라의 앉은뱅이를 위해서도, 두아디라

성의 루디아를 위해서도, 빌립보 감옥의 간수를 위해서도 그는 바나바의 역할을 충실하게 이행하였다. 그것이 주님께서 자신에게 바나바의 은총을 부어 주신 까닭임을 알고 있었기 때문이다.

　나에게도 바나바가 있었다. 48년 전 한 살 터울의 남매가 있었다. 오빠는 다섯 살이고 여동생은 네 살이었다. 하루는 엄마가 장에 간 사이에 여동생이 고구마를 먹던 중 고구마가 목에 걸리고 말았다. 새파랗게 질식되는 아이를 보고 놀란 가정부가 어쩔 줄을 몰라 무작정 시장으로 뛰어갔다. 장을 보다가 가정부로부터 청천벽력 같은 소리를 들은 엄마가 황급히 집으로 돌아왔지만 아이는 미동도 하지 않았다. 엄마는 아이를 품고 병원으로 달려갔다. 그러나 의사로부터 들을 수 있었던 말은 이미 아이가 죽었다는 것이 전부였다. 졸지에 사랑하는 딸을 잃은 부부는 예정에도 없던 아이를 한 명 더 갖기로 하였고, 이듬해 다시 딸아이가 태어났다. 그 아이가 자라나 25세가 되던 해 나의 아내가 되었고, 1년 후 나는 아내를 통해 주님을 인격적으로 만나 뵙게 되었다. 아내는 내가 주님을 인격적으로 알기도 전에 주님께서 나를 위해 내 인생의 길목에 포진시켜 두셨던 바나바였다. 48년 전 한 어린 생명을 하나님나라의 필요에 따라 먼저 불러 가시고, 그로 인해 그 부모의 계획에도 없던 아이를 태어나게 하시고, 주님의 때에 나와 만나 내 아내가 되게 하심으로 나를 죽음의 수렁에서 건져 주셨다. 생각할수록 신묘불측한 일이다. 그뿐만이 아니다. 나의 부모님, 형제들, 내가 선데이크리스천이었던 시절에 나를 위해 기도해 주었던 교우님들 등, 나의 인생 길목마다 수많은 바나바들이 있었다. 그분들을 통해 주님께서 내게 베푸신 바나바의 은총으로 인해 오늘 내가 이런 모습으로 존재하는 것이다. 그래서 나 또한 내 인생을 누군가를 위한 바나바로 내어놓지 않을 수 없다.

일본 오사카에 갔을 때다. 본래는 2박 3일의 일정으로 서울을 출발했는데 예기치 않았던 사증 문제로 어쩔 수 없이 하루를 더 체류하게 되었다. 그로 인해 어느 집사님과 예정에도 없던 저녁 식사를 하게 되었다. 식사 도중 그 집사님은 지나치는 말로 혹 도움이 필요한 선교지가 있으면 추천해 달라고 했고, 나는 남아프리카공화국 흑인 빈민촌에서 어렵게 사역하고 있는 고명수 선교사님의 연락처를 알려 주었다. 다음 날 서울로 돌아온 나는 그 사실을 까맣게 잊고 있었다. 어느 날 남아프리카공화국의 고명수 선교사님으로부터 전자우편이 왔다. 일본에 있는 ○○○ 집사님이 거금을 송금했다는 내용이었다. 집사님이 송금한 금액은 선교사님이 흑인 빈민들을 위해 건축 중이던 훈련원 건물 잔금 금액과 일치하는 액수였다. 그것을 계기로 집사님은 여러 차례에 걸쳐 고 선교사님께 많은 액수의 선교헌금을 보내었다. 나는 이런 일을 경험할 때마다 온몸에 소름이 돋는 듯한 감동을 느낀다. 주님께서는 일본에서 나의 일정을 하루 어긋나게 하심으로 남아프리카공화국 고명수 선교사님의 사역을 도우셨다. 이처럼 지구 반대편에 있는 고 선교사님을 위한 바나바로 내가 쓰임 받는다는 것은 그 자체도 은혜려니와, 그런 일을 통해 주님께서 나의 앞길에도 나를 위해 또 다른 바나바들을 수없이 예비해 두셨음을 확인시켜 주시는 것이니 어찌 전율적인 감동을 느끼지 않을 수 있겠는가?

기록된 바 하나님이 자기를 사랑하는 자들을 위하여 예비하신 모든 것은 눈으로 보지 못하고 귀로도 듣지 못하고 사람의 마음으로도 생각지 못하였다 함과 같으니라(고전 2:9).

주님께서 지난 과거에 우리를 위해 예비해 두셨던 바나바들, 현재를 위해 예비해 두신 바나바들, 그리고 미래를 대비하여 이미 예비해 두신 바나바들이 얼마나 많고 다양한지는 우리의 상상을 초월한다. 이 사실을 깨닫는다면 이제부터 우리 역시 누군가를 위한 바나바가 되기 위해 우리의 삶을 내어놓아야 한다. 이것이 바나바의 매듭이요, 이 매듭 위에서 우리는 참 크리스천 됨의 희열을 비로소 누릴 수 있다. 그 매듭 위에 펼쳐지는 우리의 삶은 그 가치와 의미가 전혀 새로워진다.

2
다소의 매듭

크리스천을 색출, 연행, 투옥하기를 천직으로 알고 예루살렘에서 230킬로미터나 떨어진 다마스쿠스의 크리스천마저 일망타진키 위해 길을 가던 사울은 그 노상에서 주님을 만났다. 자신이 부정했던 예수님이 정말 그리스도요, 성자 하나님이심을 확인한 사울은 가만히 있을 수 없었다. 그는 다마스쿠스에서 예수가 그리스도, 곧 구세주이심을 전파하였다. 예수쟁이를 소탕해야 할 사울이 예수의 증인 노릇 하는 것을 유대교인들이 가만히 내버려 둘 리가 없었다. 그들이 보기에 예수에게 전향한 사울은 반드시 제거해야 할 배신자였다. 그들이 얼마나 집요하게 사울의 생명을 노렸던지, 성문을 이용할 수조차 없었던 사울은 한밤중에 줄에 매달린 광주리를 타고 성 밖으로 피신하였다. 그길로 아라비아 광야에서 3년간 경건의 훈련을 거친 사울은 예루살렘으로 향했다.

그러나 그곳 교인들이 사울의 회심을 믿어 주지 않는 가운데, 바나바의 신원보증으로 사울이 비로소 예루살렘 공동체의 일원이 될 수 있었음은 이미 언급한 바와 같다. 그러나 사울은 예루살렘에서도 유대교인들의 반발에 부딪쳤다.

> 사울이 제자들과 함께 있어 예루살렘에 출입하며 또 주 예수의 이름으로 담대히 말하고 헬라파 유대인들과 함께 말하며 변론하니 그 사람들이 죽이려고 힘쓰거늘 형제들이 알고 가이사랴로 데리고 내려가서 다소로 보내니라(행 9:28-30).

예루살렘의 유대인들 역시 사울을 죽이려고 혈안이었다. 어쩔 수 없이 교인들이 사울을 설득하여 그의 고향인 다소로 내려 보냈다. 유대교인들이 공적 제1호로 여기고 있는 사울은 그의 고향이 아니고는 어디서도 생명을 보장받기 어려웠던 것이다. 당시 다소는 로마제국 행정구역상 길리기아에 속한 중계 무역항이었다. 모든 무역항이 그렇듯이 다소 역시 교통·경제·학문이 발달된 도시였다. 사울의 높은 학문은 그가 다소 출신이라는 것과 무관하지 않았다. 주전 41년 지중해 동방의 패자인 로마제국 안토니우스 장군이 이집트의 클레오파트라를 초청하여 밀애를 나눈 곳 또한 다소였다. 당시의 다소는 그만큼 명성을 날리던 도시였다. 그러나 비행기와 대형 컨테이너 선박의 등장 등 혁명적인 교통 수단의 발전에 따라 상대적으로 입지 조건이 열악한 다소는 쇠락의 도시로 전락하고 말았다. 더욱이 현재 다소는 이슬람교가 국교인 터

키에 속한지라 사울(바울)은 자기 고향에서도 철저하게 잊혀진 존재가 되고 말았다. 몇 해 전 사람들에게 묻고 물어 다소에 있는 바울의 생가 터를 찾아갔을 때, 오랜 기간 동안 고향에서 칩거하지 않을 수 없었던 젊은 사울을 생각하며 내 마음이 아렸다. 2천 년 전 완전 타의에 의해 낙향한 사울은 고향 다소에서 대체 얼마나 머물러야만 했을까? 한 달, 두 달, 혹은 여섯 달? 아니면 1년이나 2년이었을까? 이미 밝힌 바와 같이 다소에 칩거하던 사울은 바나바의 초청으로 안디옥 교회 공동 목회 자가 되었다. 안디옥에서 1년이 경과했을 즈음 사울은 바나바와 함께 예루살렘을 다녀왔다. 당시의 시기를 사울 자신이 다음과 같이 직접 밝히고 있다.

> 14년 후에 내가 바나바와 함께 디도를 데리고 다시 예루살렘에 올라갔노니(갈 2:1).

예루살렘에서 낙향했던 사울이 다시 예루살렘을 찾은 것은 14년 만의 일이었다. 이 14년 가운데 사울이 고향을 떠나 안디옥 교회에 머문 1년을 제하면, 사울이 고향 다소에서 칩거한 기간이 무려 13년이었음을 알게 된다. 20대에 청운의 꿈을 품고 예루살렘으로 상경했던 사울은 당대 최고의 율법 선생이었던 가말리엘 문하에서 수학하였다. 그 이후 크리스천들을 색출하라는 명령을 대제사장으로부터 직접 받을 정도로 사울은 유대교에서 출세가 보장된 청년이었다.

그 전도유망한 청년 사울이 어느 날 고향으로 내려왔다. 처음 동네 사람들은 휴가차 집을 찾은 것이라고 생각했을 것이다. 그런데 1주일, 2주일이 지나도 사울은 그대로 집에 머물러 있기만 했다. 사람들은 이번엔 휴가가 꽤 길다고 여겼을는지도 모른다. 한 달, 두 달, 그리고 석 달이 지나면서 사람들은 사울에게 무슨 변고가 생긴 것을 비로소 눈치챘다. 동네 사람들이 보기에 사울은 이미 예전의 촉망받던 사울이 아니었다. 할 일 없이 집이나 지키는 영락없는 실패자에 지나지 않았다. 처음에는 사울이 지나가면 서로 귓속말로 쑥덕거리던 사람들이 아예 드러내 놓고 사울을 조롱하거나 무시해 버린다. 그때 사울이 느껴야만 했을 모멸감이 얼마나 컸을까? 세상적인 관점에서 볼 때 사울은 결코 무능한 자가 아니었다. 세상에 관한 한 그는 누구보다 유능하였지만 자신의 유능함으로 주님께 대항하려 하지 않았다. 그는 자신을 무작정 칩거하게 하시는, 그것도 자신을 잘 아는 고향 사람들 한가운데서 마치 무능한 실패자처럼 칩거하게 하시는, 혈기왕성한 그로 하여금 1-2년도 아니고 장장 13년이란 기나긴 세월을 칩거케 하시는 주님께 철저하게 순종하였다. 다소에서의 이 칩거로 인해 사울은 주님께서 허락하시지 않으면 자신은 아무것도 할 수 없는 무능한 존재임을 뼈저리게 느꼈다. 뿐만 아니라 자신의 연약함을 자인할 때 전적으로 의지할 수밖에 없는 주님으로 인해 비로소 강해질 수 있다는 믿음의 역설을 삶으로 터득하였다.

하나님의 미련한 것이 사람보다 지혜 있고 하나님의 약한 것이 사람보다 강하니라 형제들아 너희를 부르심을 보라 육체를 따라 지혜 있는 자가 많지 아니하며 능한 자가 많지 아니하며 문벌 좋은 자가 많지 아니하도다 그러나 하나님께서 세상의 미련한 것들을 택하사 지혜 있는 자들을 부끄럽게 하려 하시고 세상의 약한 것들을 택하사 강한 것들을 부끄럽게 하려 하시며 하나님께서 세상의 천한 것들과 멸시 받는 것들과 없는 것들을 택하사 있는 것들을 폐하려 하시나니 이는 아무 육체라도 하나님 앞에서 자랑하지 못하게 하려 하심이라(고전 1:25-29).

사울이 일평생 엄청난 일을 하고서도 교만에 빠지기는커녕 초지일관 주님만을 더 높이는 사도의 삶을 겸손하게 살 수 있었던 것은 13년에 걸친 다소의 칩거 덕분이었다. 사울에게 다소의 매듭이 없었던들 우리가 아는 위대한 바울이 될 수는 없었을 것이다.

살아 있는 사람이라면 누구에게나 다소는 있게 마련이다. 그때 다소를 피하려 해서는 안 된다. 주님께서는 단지 피하기만 하라고 다소를 주는 분이 아니시다. 어떤 경우에도 우리를 상대로 장난치시지 않는다. 주님께서 우리에게 다소를 주시는 까닭은, 우리로 하여금 그 다소의 터널을 정면으로 뚫고 나가게 하시기 위함이다.

연변과학기술대학의 정진호 교수가 《루카스 이야기》란 제목의 책을 출간하였다. 그 책 속에 장애인 부부의 이야기가 실려 있는데, 그 내용은 2001년 6월 캐나다의 신앙공동체 데이브레이크에서 있었던 실화이다.

장애인 부부가 있었다. 서로 사랑하는 그 부부는 간절히 아이

갖기를 원했다. 그러나 그들의 바람은 오랜 기다림이 필요했다. 두 번에 걸친 유산은 그들의 마음을 몹시도 아프게 했다. 하지만 포기하지 않았다. 어렵게 들어선 세 번째 아이를 위해 기도하던 중 또다시 통증이 찾아왔다. 황급히 병원으로 찾아간 그들에게 의사는 아직 아이가 살아 있다고 안심시켜 주었다. 그러나 기쁨도 잠깐, 놀란 가슴을 쓸어내리던 그들에게 정밀검사 결과를 가지고 돌아온 의사는 침착하게 그러나 단호하게 이야기를 꺼냈다.

"당신들의 뱃속 아이에게 심각한 장애가 발견되었습니다. 지금 당장 인공 유산을 시켜야 합니다."

아이의 뇌가 골 밖으로 나와 있는 치명적인 장애였다. 이런 경우는, 아이가 죽지 않고 세상에 나오더라도 아무것도 먹지도 마시지도 못할 뿐 아니라 호흡 장애를 일으킬 것이기에 아마도 15분을 살기가 힘들 거라고 했다. 청천벽력과 같은 말을 들은 부부는 순간 아연실색하여 어찌할 바를 몰랐다. 얼마나 기다리던 아이인가? 그리고 지난 몇 주 동안 얼마나 애틋하게 사랑하며 어루만지던 생명인데, 내 손으로 죽여야 하다니! 도무지 그럴 수가 없었다. 그들은 의사에게 아이를 뱃속에서 계속 키우겠다고 말했다. 그러나 의사는 그 말을 냉정하게 잘랐다. 그럴 수 없다, 당신들이 아이를 낳은 후 받아야 할 상처는 지금 아이를 유산시킬 때 받게 되는 상처보다 훨씬 더 클 것이기에 의사인 자신의 충고를 받아들이라고 말했다. 그러나 그 부부는 생명을 죽일 수가 없었다. 의사는 버럭 화를 내었지만 결국 그들은 아이를 키우기로 결단했다.

집으로 돌아온 부부는 뱃속 아이의 이름을 루카스(Lucas)라고 지었다. 그리고 자신들에게 주어진 몇 달의 시간을 루카스를 위해 최선을 다해 살았다. 그들은 매일 루카스에게 아름다운 찬양을 들려주었고, 루카스를 위해 기도했다. 루카스를 볼 수는 없었으나 만질 수 있었고 느낄 수 있었기에 매일 그 아이와 깊은 영적 대화를 나누었다. 루카스의 살아 있음이 느껴질 때마다 그들은 감격했으며 그로 인해 감사했다. 루카스의 심장 박동을 느낄 때마다 부부의 애절한 사랑이 루카스의 혈관을 타고 흘러 들어가는 것만 같았다. 그들 안에는 사랑으로 잉태된 생명의 신비가 있었던 것이다.

마침내 출산의 날이 다가왔다. 긴장과 두려움 속에서, 그러나 감격 가운데서 아이를 받았을 때, 부부는 세상에서 가장 아름다운 자기 아들의 얼굴을 볼 수 있었다. 어쩌면 그렇게 아름답고 사랑스러울 수 있을까? 그러나 아이의 머리 뒤에는 뇌가 삐져나온 주머니가 달려 있었다. 의사의 충고에 따라 부부는 루카스를 최대한 밀착하여 안아 주었다. 부모의 피부 접촉이 아이의 생명을 조금이나마 연장시킬 수 있을지 모른다는 생각에서였다. 루카스가 부모의 사랑을 조금이라도 더 느낄 수 있도록 그 어린 핏덩이를 배 위에 올려 놓고 보물처럼 껴안아 주었다. 따뜻한 온기가 느껴졌다. 루카스는 힘겹게 숨을 몰아 쉬면서도 평온하게 잠든 것처럼 보였다.

주어진 15분이 지나가고 있었다. 그러나 30분이 지나고 한 시간
이 지나도록 루카스는 여전히 가쁜 숨을 몰아쉬며 살아 있었다.
두 시간, 세 시간이 지나자, 의사는 더 이상 병원에서 할 일이 없
으니 집으로 데리고 가라고 했다.

루카스를 집으로 데리고 온 부부는 그날부터 루카스에게 해 줄
수 있는 모든 것들을 해 주기 시작했다. 사랑하는 자식을 위해
부모가 평생 동안 할 수 있는 모든 일들을 모아 놓은 것 같은 나
날이었다. 루카스를 위해 서둘러 세례를 받게 했으며, 그를 위
해 기도하고, 조심스레 닦아 주고, 매일 선물을 안겨 주었다. 공
동체의 식구들을 불러 날마다 작은 파티를 열었다. 모든 사람들
이 루카스를 보고 기뻐하며 사랑의 말을 던졌고, 서로 위로하며
또 위로를 받았다. 그렇게 아름다운 날들이 지나간 후 마침내
루카스의 마지막 시간이 다가왔다.

루카스는 17일을 살아냈다. 부부는 사랑하는 아들 루카스의 임
종을 아프게 그러나 담담하게 지켜보았다. 루카스를 떠나보내
던 날, 데이브레이크 예배당에서는 사랑하는 공동체 식구들과
함께하는 루카스의 장례예배가 조촐하게 진행되었다. 단 위에
놓인 작디작은 관 안에 루카스의 어여쁜 시신이 들어 있었다.
모두가 그의 죽음을 애도하고 또 슬퍼했다. 예식이 끝나고 루카
스에게 작별을 고해야 하는 시간이 다가왔다. 앞으로 걸어 나와
관 앞에 선 루카스의 부모가 잠시의 침묵을 깨고 입을 열었다.

"루카스와 함께했던 지난 9개월은 참으로 소중하고 아름답고 행복한 시간들이었습니다. 그리고 그 시간 동안 우리는 루카스와 얼마나 많은 사랑을 나누고 대화를 나누었는지 모릅니다. 지금도 우리는 루카스를 사랑하고 있습니다……."

그들은 조용히 말을 이어 나갔다. 마지막으로 루카스의 아버지가 말했다.

"저는 루카스로 인해 비로소 아버지가 될 수 있었습니다. 나를 아버지로 만들어 준 내 아들 루카스에게 감사합니다. 루카스는…… 사랑하는 아들의 고통과 죽음을 지켜보는 아버지의 마음을 알게 해 주었습니다."

이렇게 빨리 죽을 바에야 차라리 루카스가 태어나지 않았음만 못하다고 생각할 수도 있다. 과연 그런가? 하나님의 허락 없이는 참새 한 마리도 떨어지지 않는다. 하물며 인간의 태어나고 죽음에 왜 하나님의 섭리가 없겠는가? 하나님께서는 당신의 필요에 의해 루카스를 당신의 나라로 먼저 부르셨다. 동시에 루카스 부모로 하여금 그들을 살리시기 위해 당신의 독생자를 십자가의 죽음에 내어놓으셨던 하나님 아버지의 심정을 절실하게 느끼게 하셨다. 그렇다면 루카스의 죽음으로 하나님 아버지의 심정을 자기 것으로 삼게 된 장애인 부부는 참으로 복된 사람들이다. 17일 만에 사랑하는 아들을 잃는다는 것은 엄청난 고통의 다소임에 틀림없다. 그러나 장애인 부부는 낙태와 같은 방법으로 사전에 그 다소를 피하려 하지 않았다. 도리어 하나님께서 주신 다소의 상황을 정면으로 돌파하였다. 믿음 안에서 다소의 매듭을 맺은 것이다. 그 결과 언젠가 하나님의 나라에서 사랑하는 루카스를 다시 만나리란 믿음과 함께, 자신들을 살리시기 위해 당신의 아들을 제물 삼으신 하나님 아버지의 심정으로 살게 되었다. 그 심정을 알지 못했을 때에 비해 자기 것으로 삼은 이후의 삶이 전혀 새로운 차원으로 전개되었을 것임은 재론의 여지도 없다.

호주 시드니에 사는 교민이 고국을 다녀가는 길에 개나리 가지를 꺾어다가 자기 집 마당에 옮겨 심었다. 이듬해 봄이 되었다. 맑은 공기와 좋은 햇볕 덕에 가지와 잎은 한국에서보다 무성하였지만 꽃은 피지 않았다. 첫해라 그런가 보다 여겼지만 2년째에도, 3년째에도 꽃은 피지 않았다. 그리고 비로소 알게 되었다. 한국처럼 혹한의 겨울이 없는 호주에서는 개나리꽃이 아예 피지 않는 것이었다. 저온을 거쳐야만 꽃이 피는 것을 전문 용어로 '춘화현상'(vernalization)이라 하는데 튤립, 히아신스, 백합, 라일락, 철쭉, 진달래 등이 모두 이에 속한다고 한다. 인생은 마치 춘화현상의 꽃과 같다. 눈부신 인생의 꽃은 인생의 혹한을 거친 뒤에야 꽃망울이 맺히는 법이다. 그런가 하면 봄에 뿌리는 봄보리에 비해 가을에 파종하여 겨울을 나는 가을보리의 수확이 훨씬 더 많다. 인생의 열매는 마치 가을보리와 같아 인생 겨울을 거치면서 그 열매는 더욱 풍성하고 또 견실해진다. 주님께서 때로 당신의 사랑하는 자녀들에게 다소를 거치게 하시는 까닭이 이것이다. 인생의 꽃과 열매가 맺히는 인생의 봄은 언제나 다소의 매듭 위에 임한다.

3
안디옥의 매듭

바나바의 부름을 받은 사울이 바나바와 함께 한동안 안디옥 교회를 섬겼음은 이미 밝힌 바 있다. 안디옥 교회는 예루살렘 북방 5백여 킬로미터 지점에 위치한 안디옥 소재의 교회다. 지금도 안디옥에는 초대 교회 교인들이 예배드리던 동굴이 남아 있다. 그 크기가 얼마나 작은지, 아무리 많아야 겨우 몇십 명 정도를 수용할 수 있을 뿐이다. 안디옥 교회는 그렇듯 작은 신앙공동체에 지나지 않았다. 그러나 주님께서는 그 작은 안디옥 교회를 세계 역사를 새롭게 하는 당신의 전초 기지로 삼으셨다. 우리는 그 까닭을 사도행전 13장 1절을 통해 알 수 있다.

안디옥 교회에 선지자들과 교사들이 있으니 곧 바나바와 니게르라 하는 시므온과 구레네 사람 루기오와 분봉왕 헤롯의 젖동생 마나엔과 및 사울이라.

안디옥 교회 지도자 그룹, 요즈음 용어로 안디옥 교회 당회원 명단이다. 첫 번째 인물은 담임목사 바나바로서, 그는 유력 가문 출신의 레위인 다시 말해 정통파 유대인이었다. 두 번째 인물은 니게르라는 시므온이다. 성경은 그의 연령, 직업, 학력에 대해 아무 정보도 제공해 주지 않는다. 단지 그가 '니게르'라는 사실만 밝히고 있다. 라틴어 '니게르'(niger)란 '검다'는 뜻으로, 여기에서 파생된 말이 '니그로'(negro), 즉 '흑인'이다. 이를테면 시므온은 흑인이었다. 지금도 그렇지만, 2천 년 전 유대인들은 더 심한 인종차별주의자들이었다. 게다가 당시엔 노예 제도가 있었고, 흑인은 거의 노예였다. 이렇듯 시므온은 비천한, 인간 이하의 인간이었다. 세 번째 인물은 구레네 사람 루기오로, 구레네는 지금의 리비아다. 그는 리비아 출신이라는 것 이외에는 달리 내세울 것이 전혀 없는, 한마디로 무명의 존재에 지나지 않았다. 네 번째 인물은 분봉왕 헤롯 안티파스의 젖동생 마나엔이다. 젖동생으로 번역된 헬라어 '쉰트로포스'는 한 어머니의 젖을 먹고 자라난 친형제를 칭하기도 하지만, 어릴 적부터 단짝인 죽마고우를 뜻하기도 한다. 그 어느 쪽이든 마나엔이 헤롯의 젖동생이란 사실은 그 역시 불의한 지배 계층에 속해 있었음을 입증해 준다. 그렇지 않고야 공식적으로 헤롯의 젖동생이라 불릴 까닭이 없었다. 당시 유대인의 입장에서 본다면, 로마제국의 하수인으로 유대인을 착취하던 헤롯 가(家)와 그 주위 인물은 모두 증오와 타파의 대상이었다. 일제 시대의 경우를 예로 든다면 헤롯이나 마나엔은 이완용과 같은, 처단해 마땅한 친일파 매국노였다. 마지막 인물은 이미 우리가 잘 알고 있는 사울로 그는 교회를 진멸하려 했던 초대 교회 제1의 대적이었다.

이상 다섯 사람의 면면은 모든 면에서 달라도 너무 달라 그들을 한 그룹으로 엮는다는 것 자체가 불가능해 보일 정도다. 그럼에도 그들은 모두 주님 안에서 인간성과 인간의 동질성을 회복, 한데 어우러져 주님을 위해 서로 도우며 헌신했다. 안디옥 교회가 흑인이나 매국노를 단지 교회 홍보를 위해 혹은 장식용으로 영입한 것이 아니었다. 이 이후 바나바와 사울이 선교사로 파송되자 남은 세 사람, 즉 흑인 시므온과 무명의 루기오, 그리고 매국노 출신 마나엔이 조금도 흔들림 없이 교회를 이끌어 나갈 정도로 그들은 확고한 지도력을 발휘했다. 그들만이었다면 불가능한 일이었겠지만 주님 안에서, 주님으로 인해 가능했다. 한마디로 안디옥 교회는 이상적인 가톨릭교회였다.

381년 콘스탄티노플에서 열린 제2차 공의회는 교회를 '하나의 교회, 거룩한 교회, 보편적 교회, 사도적 교회'라고 정의했다. 여기에서 '보편적 교회'란 용어가 곧 가톨릭교회(Catholic Church)다. 이로부터 약 4세기 지나 확정된 사도신경 공인 원문에는 '거룩한 공회를 믿는다'는 내용이 들어 있다. 그 '공회' 역시 가톨릭교회다. 크리스천들은 주일마다 예배 시간에 사도신경으로 신앙을 고백하면서 '거룩한 공회를 믿는다'고 밝힌다. 그 의미는 자신이 다니는 교회가 가톨릭교회이어야 함을 믿는다는 말이다. 이 땅의 모든 교회는 반드시 가톨릭교회이어야 한다. 천주교가 먼저 가톨릭교회란 용어를 사용하였기에 천주교를 공식적으로는 참된 의미의 가톨릭교회와 구별하여 로마가톨릭교회 (Roman Catholic Church)라 부른다. 로마에 있는 교황의 지배하에 있는 교회라는 뜻이다. 그러나 불필요한 혼란을 피하기 위해 개신교에서는 가톨릭교회 대신에 유니버설교회(Universal Church)란 용어를 사용한다. 그러나 가톨릭교회건 유니버설교회건 모두 보편적 교회란 의미다. 즉, 남녀노소 빈부귀천이 국적, 인종, 직업, 연령, 학력, 사상을 초월하여 하나로 어우러지는 교회란 말이다. 그렇다면 우리는 세계 역사를 새롭게 하는 당신의 도구로 왜 주님께서 그 작은 안디옥 교회를 사용하셨는지 이제 그 까닭을 알게 된다. 안디옥 교회는 주님께서 원하시는 완전한 보편적 교회였기 때문이다.

서로 이질적인 사람들이 주님 안에서 하나가 된다는 것은 생각이나 말처럼 쉬운 일이 아니다. 이런 관점에서 전혀 다른 사람들로 구성된 안디옥 교회가 어떻게 보편적 교회를 이룰 수 있었는지 확인해 보는 것은 대단히 중요하다.

주를 섬겨 금식할 때에 성령이 가라사대 내가 불러 시키는 일을 위하여 바나바와 사울을 따로 세우라 하시니(행 13:2).

어느 날 성령님께서는 바나바와 사울을 선교사로 보내시기 위해 안디옥 교회 교인들에게 그 두 사람들을 '따로 세우라'고 명령하셨다. '따로 세우다'로 번역된 '아포리조'는 '떼어 두다' '분별하다' '갈라내다'라는 의미다. 안디옥 교회 교인들은 자신들도 모르게 바나바와 사울은 항상 자신들과 함께 있어야 한다는 주관적인 생각을 지니고 있었다. 이를테면 자기 주관의 틀 속에 두 사람을 가두어 두고 있었다. 성령님께서는 그 그릇된 틀로부터 그들을 떼어 놓도록 명령하신 것이다.

이에 금식하며 기도하고 두 사람에게 안수하여 보내니라(행 13:3).

안디옥 교회 교인들은 성령님의 명령에 순종, 두 사람을 안수하여 보내었다. 우리말 '보내었다'로 옮겨진 헬라어 '아폴뤼오'의 본 뜻은 '놓아 주다' '풀어 주다'라는 뜻이다. 안디옥 교회 교인들은 성령님의 명령을 좇아 자기 편견의 감옥으로부터 두 사람을 과감하게 풀어 준 것이다. 이처럼 사도행전 13장 3절은 분명히 교인들이 두 사람을 보내었음을 전해 주고 있다. 그러나 사도행전 13장 4절은 그것이 다가 아니었음을 밝혀 주고 있다.

두 사람이 성령의 보내심을 받아 실루기아에 내려가

3절과는 달리 4절은 두 사람을 보낸 주체가 교인이 아니라 성령님이셨음을 증언하고 있다. 이것은 더없이 중요한 메시지다. 안디옥 교회 교인들은 자기 편견의 우물에서 바나바와 사울을 풀어 줌으로 그 두 사람을 통해 역사하시는 성령님을 똑똑히 뵐 수 있었다. 바꾸어 말해 자기 편견의 우물 속에 그들을 가두어 두고 있는 동안은 그들을 통한 성령님의 역사를 확인할 수 없었다는 말이다. 완전히 이질적인 그들이 온전한 보편적 교회를 이룰 수 있었던 단서가 바로 이것이다.

일반적으로 사람들은 누군가와 대화를 하면서도 실제로는 상대의 말을 듣지 않는다. 그 대신 상대의 말에 대한 자신의 주관적 해석과 이미지만 수용하고 기억한다. 제3자의 말에 의거, 전혀 만나 본 적이 없는 사람을 임의로 단정해 버리기도 한다. 이처럼 사람들은 자신이 직접 만났거나 혹은 간접적으로 아는 모든 사람들을 자기 편견의 우물 속에 가두고 살아간다. 이런 사람이 아무리 많이 모여도 보편적 교회가 될 수는 없다. 그런 사람들 간에는 오해와 오인, 갈등과 대립이 멈출 도리가 없다. 참된 크리스천은 자기 편견의 감옥에 가두어 둔 사람들을 과감하게 풀어 주어야 한다. 그때 성령님께서는 나만을 통해서 역사하시는 것이 아니라 그를 통해서도 역사하심을, 아니 그를 통해 더 크게 역사하심을 확인케 되고, 그 순간부터 그와 더불어 진정한 보편적 교회를 이룰 수 있다.

한번 생각해 보자. 안디옥 교회에서 정통파 유대인·흑인 노예·무명 이방인·매국노·예수의 대적이 한데 모여 함께 일할 때 문화적·사회적·지적 수준 차이로 인해 서로 간에 얼마나 갈등이 많았겠으며, 또 답답한 일은 얼마나 잦았겠는가? 그러나 그들은 상대를, 심지어 흑인 노예마저도 자기 편견의 우물에 방치해 두지 않았다. 그들은 과감하게 상대를 풀어 줌으로 하나님께서 창조하신 상대의 존재 자체를 서로 존중하였다. 그때 그들은 상대를 통해 더 크게 역사하시는 성령님을 서로 확인, 주님 안에서 모든 존재의 차이를 극복하고 보편적 교회를 이룰 수 있었다. 그리고 명실상부한 보편적 교회를 구현한 그 안디옥 교회를, "저희가 하나 되게 해 달라"(요 17:11)고 간구하셨던 주님께서 인류 역사를 회복시키는 당신의 도구로 삼으셨음은 너무나도 당연한 결과였다.

현재 한국에서 성경적으로 가장 건강한 영향력을 지닌 보편적 교회(공동체)를 꼽으라면 강원도 황지 소재의 예수원일 것이다. 그곳의 상주 회원들은 남녀노소가 직업·연령·학력·이념을 초월, 명실상부한 보편적 공동체를 이루고 있고, 주님께서는 그 예수원을 통해 우리 사회 속으로 수정처럼 맑은 샘물을 공급해 주고 계신다. 그러나 예수원이 절로 보편적 공동체가 된 것은 아니다. 성공회 소속 토리 신부님이 신앙의 실험장을 만들기 위해 겨우 몇 사람과 강원도의 오지 황지에 예수원을 개척하기 시작한 것은 1965년이었고, 그 해엔 고작 본관 건물 하나만을 건립할 수 있었다. 이듬해 봄이 다가옴과 동시에 다시 공사를 시작해야 했다. 그러나 건축 자재를 계속 지게로 져 나를 수만은 없다고 판단한 신부님은 트럭으로 자재를 운반할 수 있게끔 도로를 먼저 닦기로 했다. 그러기 위해서는 도로 공사에 필요한 기구를 구입해야 했고, 또 도로가 지나는 땅 주인에게 임대료도 지불해야 했다. 상당한 금액이 필요한 일이었다. 이를 위한 예산은 전혀 없었지만 그것이 꼭 필요한 일이라 확신한 신부님은 다른 목적을 위해 들어온 돈을 전용해서라도 도로 공사를 먼저 진행하려 했다. 그러나 함께 일하는 예수원 식구들이 신부님의 계획을 정면으로 반대하였다. 자신들이 계속 지게로 자재를 나를지언정 지금은 비싼 돈을 들여 도로 공사할 때가 아니라는 것이었다. 신부님에 비하여 그들의 학력이나 경력은 변변치 못했다. 미국에서 최고 학부를 졸업했을 뿐만 아니라 예수원의 지도자였던 신부님 입장에선 그들의 반대를 가볍게 묵살할 수 있었다. 그러나 신부님은 자신이 그들보다 우월하다는 자기 편견의 우물에서 그들을 풀어 주었다. 그들의 반대에 귀를 기울인 것이다. 그와 동시에 그는 성령님의 음성을 들었다. 당시 상황을 토리 신부님의 부인 제인 토리 여사는 자신의 자서전《예수원 이야기》에서 이렇게 밝히고 있다.

"너희가 이 젊은이들과 함께 살려면 그들의 말을 듣고 그들의 생각을 고려해 보아야 한다. 이들은 한국 사람들이고, 이 상황에 대해 너희보다 더 잘 알고 있기 때문이다."
그것은 하나님의 음성이었다. 그분의 도우심으로 우리는 도로를 내겠다는 소중한 소망을 포기했다. 이것은 우리의 목적이 좋은 도로와 큰 건물을 가지는 것이 아니라, 하나님의 가족이자 그리스도의 몸으로서 하나가 되어 살면서 하나님의 사랑을 나타내는 것이라는 사실을 새롭게 깨닫게 해 주었다. 그렇다. 우리는 도로를 가지려는 우리의 욕망에 대해 죽었다. 예수님은 부활 전에 사흘을 무덤에 계셨다. 우리는 3주 동안 죽은 상태로 있었고 도로 없이 지내야 한다는 생각에 익숙해지고 있었다. 그러던 어느 날, 한 광업 회사가 기계와 트럭을 가지고 와서 우리 집 앞을 지나는 도로를 만들고 산꼭대기까지 길을 냈다! 숲 속에 있는 나무를 베기 위해서였다. 그들은 이 작업을 끝낸 후 우리에게 길을 주었다.

"주님, 우리를 큰 실수로부터 구해 주셔서 감사합니다. 그리고
우리가 바라던 것보다 더 큰 것을 주셔서 감사합니다!"

이때부터 예수원 가족들은 서로 진정으로 사랑하고 존중하며, 모두
한마음으로 하나가 되는 보편적 공동체를 이루게 되었다. 성령님께서
는 가장 작은 자를 통해 더 크게 역사하는 분이심을 그들 자신의 눈으
로 확인했기 때문이다. 명실공히 21세기의 안디옥 교회요, 그 보편적
공동체를 통해 주님께서 이 시대를 맑히고 밝히심은 조금도 이상한 일
이 아니다.

우리는 모두 크리스천이요, 교회는 주님을 믿는 사람들의 모임이기
에 우리 자신이 곧 교회다. 그렇다면 우리 각자는 예외 없이 안디옥의
매듭을 맺지 않으면 안 된다. 한국 교회의 역사가 불행하게도 분열과
다툼의 역사로 얼룩진 것은 우리 스스로 나와 다른 사람들을 수용, 그
들과 더불어 보편적 교회를 이루려는 안디옥의 매듭을 맺지 못한 까닭
이다. 보편적인 교회는 말할 것도 없고 화목한 가정과 보람찬 일터도
안디옥의 매듭 위에서만 가능하다. 어떤 형태의 조직이든 인간 사회의
조직은 모두 사람들의 공동체이고, 사람들 중에 자신과 똑같은 사람은
이 세상 그 어디에도 없기 때문이다.

이제 우리는 우리가 그동안 만난 사람들을 가두어 두었던 자기 주관
과 편견의 감옥으로부터 그 모든 사람들을 과감하게 풀어 주고, 있는
모습 그대로의 그들을 존중해야 한다. 그때 그들을 통해 더 크게 역사

하시는 성령님을 비로소 뵐 수 있을 것이며, 우리가 만나는 모든 사람과 더불어 이 시대의 역사를 새롭게 하는 안디옥 교회를 이루게 될 것이다. 2천 년 전이나 지금이나 주님께서 보편적 교회를 통해 역사하심에는 변함이 없다.

4
구브로의 매듭

주님께서 안디옥 교회의 바나바와 사울을 부르시고 그들에게 세계 선교의 사명을 맡기셨음을 우리는 이미 알고 있다. 이에 대한 성경 본문을 다시 살펴보자.

주를 섬겨 금식할 때에 성령이 가라사대 내가 불러 시키는 일을 위하여 바나바와 사울을 따로 세우라 하시니 이에 금식하며 기도하고 두 사람에게 안수하여 보내니라 두 사람이 성령의 보내심을 받아 실루기아에 내려가 거기서 배 타고 구브로에 가서 살라미에 이르러 하나님의 말씀을 유대인의 여러 회당에서 전할새 요한을 수종자로 두었더라(행 13:2-5).

선교팀의 구성원은 바나바와 사울 그리고 수행원 요한이었다. 이들 중 바나바의 이름이 가장 먼저 나타나 있다. 유대인들은 사람의 이름을 기록할 때 서열을 매우 중시하여 반드시 직책 혹은 연령순으로 기록하였다. 이 원칙에 의하면 가장 먼저 이름이 기록되어 있는 바나바가 이 선교팀의 우두머리였다. 당시 바나바가 안디옥 교회의 담임목사였음을 감안하면 지극히 당연한 일이었다. 그들은 안디옥에서 가까운 항구 실루기아에서 배를 타고 구브로로 건너갔다. 구브로는 현재 지중해의 사이프러스 섬으로 팀장인 바나바의 고향이었다. 구브로의 동쪽 항구 살라미에서부터 복음을 전하기 시작한 그들은 섬을 횡단하여 서쪽 항구 바보에 이르렀다. 소아시아 반도, 즉 현재의 터키로 향하는 배를 타기 위함이었다. 그런데 이때 이미 그들 사이에 중대한 변동 사항이 있었음을 성경이 밝혀 주고 있다.

> 바울과 및 동행하는 사람들이 바보에서 배 타고 밤빌리아에 있는 버가에 이르니(행 13:13상).

선교여행 중에 사울의 이름이 로마식 이름인 바울로 바뀌었다. 더 중요한 사실은 이때부터 성경이 선교팀을 '바울과 동행하는 사람들'이라고 표현한 것이다. 더 이상 '바나바와 그의 동행'이 아니었다. 이 이후로 계속 바울의 이름이 바나바의 앞자리를 차지하고 있다. 이것은 팀장이 바나바에서 바울로 변경되었음을 의미한다. 첫 번째 기착지인 구브로의 살라미에 도착할 때까지만 해도 안디옥 교회의 담임목사인 바나바가 팀장이었다. 그러나 구브로 섬을 동서로 횡단하는 선교 현장에서 바울의 능력이 바나바보다 더 두드러지게 나타난 것이다. 교회 목회에 관한 한 바나바의 능력이 앞섰지만 선교 현장에서는 바울이 더욱 탁월하였다. 이에 바나바는 아무 거리낌 없이 바울에게 팀장의 역할을 넘겨주었다. 그가 지켜야 할 것은 복음 전파의 사명이었지 자신의 직책이나 명예가 아니었기 때문이다. 만약 이때 바나바가 계속 우두머리 역할을 고집했더라면, 그들의 첫 번째 선교여행은 두 사람간의 심각한 갈등으로 인해 결국 파국을 맞고 말았을 것이다.

인생을 살다 보면 흔히 서열이 바뀌는 수가 있다. 요즈음과 같은 서열 파괴의 시대에서는 다반사로 일어나는 일이다. 이때 상사를 추월한 사람은 승진의 기쁨을 만끽하겠지만, 거꾸로 추월당한 사람은 그 상황 자체를 받아들이지 못해 괴로워하는 경우가 허다하다. 이것은 교회생활에서도 예외가 아니다. 자신보다 늦게 등록한 사람이 장로나 권사로 피택될 경우 시험에 빠지거나, 심한 경우에는 아예 교회를 옮기는 자도 적지 않다. 그러나 진정한 크리스천이라면 구브로의 매듭을 맺는 자라야 한다. 구브로에서의 바나바처럼 직책이나 역할에 연연해서는 안 된다.

고린도 교회는 바울이 세운 교회였다. 그러나 바울이 고린도를 떠난 뒤 여러 가지 문제가 발생했는데 그 중의 하나가 심각한 파당 싸움이었다. 스스로 바울 파, 게바(베드로) 파, 아볼로 파, 그리스도 파로 나뉘어 비난하고 정죄하면서 서로 높아지기 위해 이전투구를 벌였다. 그 사실을 전해 들은 바울은 고린도 교회 교인들을 향해 다음과 같은 글을 썼다.

나의 형제자매 여러분, 나는 여러분 가운데 분쟁이 있다는 것을 글로에의 집 사람들의 편에 알게 되었습니다. 다름이 아니라, 여러분이 저마다 말하기를 "나는 바울 파다" "나는 아볼로 파다" "나는 게바 파다" "나는 그리스도 파다" 한다고 합니다. 그리스도께서 갈라지셨습니까? 바울이 여러분을 위해 십자가에 달리기라도 했습니까? 또는 여러분이 바울의 이름으로 세례를 받았습니까?(고전 1:11-13/표준새번역)

아볼로는 무엇이고 바울은 무엇입니까? 아볼로와 나는 여러분을 믿게 한 일꾼들이며, 주께서 우리에게 각각 맡겨 주신 대로 일했을 뿐입니다. 나는 심고, 아볼로는 물을 주었습니다. 그러나 하나님께서 자라게 하셨습니다. 그러므로 심는 사람이나 물을 주는 사람은 아무것도 아니요, 자라게 하시는 분은 하나님뿐이십니다(고전 3:5-7/표준새번역).

자신이 세운 교회임에도 바울은 자신을 고린도 교회의 우두머리로 내세우지 않았다. 자신은 단지 하나님의 일꾼일 뿐이며 교회를 교회 되게 하시는 분은 오직 하나님이심을 분명히 하였다. 그뿐만이 아니다.

그러나 우리는 세계와 천사들과 사람들에게 구경거리가 되었습니다. 내가 생각하기에는, 하나님께서 사도들인 우리를 마치 사형수처럼 세상에서 가장 보잘것없는 사람들로 내놓으신 것

같습니다. 우리는 그리스도 때문에 어리석은 사람이 되었지만, 여러분은 그리스도 안에서 지혜 있는 사람이 되었습니다. 우리는 약하나, 여러분은 강합니다. 우리는 천대를 받고 있으나, 여러분은 영광을 누리고 있습니다. 우리는 오늘 바로 이 시각까지도 주리고, 목마르고, 헐벗고, 얻어맞고, 정처 없이 떠돌아다닙니다. 우리는 우리의 손으로 일을 하면서, 고된 노동을 합니다. 우리는 욕을 먹으면 도리어 축복하여 주고, 박해를 받으면 참고, 비방을 받으면 좋은 말로 응답합니다. 우리는 이 세상의 쓰레기처럼 되고, 이제까지 만민의 찌꺼기처럼 되었습니다. 내가 이런 말을 쓰는 것은, 여러분을 부끄럽게 하려는 것이 아니라, 나의 사랑하는 자녀들과 같이 훈계하려는 것입니다. 그리스도 안에서 여러분에게 만 명의 스승이 있을지 몰라도, 아버지는 여럿이 있을 수 없습니다. 나는 그리스도 예수 안에서 복음으로 여러분을 낳았습니다. 그러므로 내가 여러분에게 권합니다. 여러분은 나를 본받는 사람이 되십시오(고전 4:9-16/표준새번역).

바울은 우두머리 노릇을 하기는커녕 도리어 자신이 사랑해야 할 사람들을 위해 그들 밑에서 쓰레기와 찌꺼기 같은 삶도 마다하지 않았다. 바울 역시 구브로의 매듭을 지닌 자였던 것이다. 바울은 서로 높아지려고 다투는 고린도 교회 교인들을 향해 자신을 본받아 상대를 위해 쓰레기와 찌꺼기 같은 역할도 감수할 수 있기를, 다시 말해 구브로의 매듭을 기꺼이 맺기를 당부하였다. 구브로의 매듭을 지닌 자만 인간관계에서 자신을 내세우지 않고, 주님께서는 자신을 내세우지 않는 자를 통해서만 온전히 역사하신다.

주님의 제자들 역시 서로 높은 자리를 차지하기 위해 다툰 적이 있었다. 그때 주님께서 말씀하셨다.

> 너희가 아는 대로, 민족들을 통치하는 사람들은 그들을 마구 내리누르고, 고관들은 세도를 부린다. 그러나 너희끼리는 그렇게 해서는 안 된다. 너희 사이에서 위대하게 되고자 하는 사람은 누구든지 너희를 섬기는 사람이 되어야 하고, 너희 가운데서 으뜸이 되고자 하는 사람은 너희의 종이 되어야 한다. 인자는 섬김을 받으러 온 것이 아니라 섬기러 왔으며, 많은 사람을 위하여 자기 목숨을 대속물로 내주러 왔다(마 20:25-28/표준새번역).

주님께서 제자들에게 요구하신 것 역시 한마디로 구브로의 매듭이었다. 남보다 높은 자리 자체를 목적으로 삼는 자는 일생토록 수없이 많은 사람을 짓밟을 수밖에 없기에 그런 자는 진정한 크리스천으로 살아갈 도리가 없다. 우리 주님께서 자리나 직책에 연연하셨다면 결코 우리의 구원주가 되실 수는 없으셨을 것이다. 주님께서는 인간을 위해 쓰레기나 찌꺼기보다 못한 십자가의 죽음을 개의치 않으심으로 우리 모두를 살리시는 생명의 포도나무가 되셨다(요 15:1). 생명의 상징인 포도나무를 비롯하여 모든 나무의 특징은 제일 굵고 오래된 가지의 순서로 밑자리를 차지한다는 것이다. 만일 굵고 오래된 나뭇가지들이 윗자리를 탐한다면 그 무게를 이기지 못한 나무는 이내 꺾어지고 말 것이다. 나무가 생명의 열매와 그늘을 제공하는 거목이 될 수 있는 것은, 강하고 굵은 가지들일수록 밑에서 윗가지들을 든든히 지탱해 주기 때문이다.

주님께서는 당신을 포도나무에, 그리고 우리를 그 가지에 비유하셨다. 따라서 크리스천인 우리의 사명은 높은 자리를 쟁취하는 데 있지 않다. 주님께서 우리에게 어떤 직책, 어떤 자리, 어떤 상황을 주시든 누군가를 위한 밑가지로 살아가는 데 우리의 사명이 있다. 스스로 누군가의 밑가지가 되는 구브로의 매듭 위에서 우리는 높은 직책으로도 교만에 빠지지 않을 수 있고, 낮은 직책에서도 비굴함이 없이 생명을 일구는 주님의 일꾼으로 살아갈 수 있다. 그때 밑가지인 우리를 주님께서 친히 높이신다. 마치 우리 생명의 밑가지 되신 주님을 하나님께서 영원한 부활주로 높이시고, 구브로의 매듭을 맺은 바나바와 바울을 주님께서 영원토록 높이신 것처럼 말이다. 역사상 스스로 남의 윗자리를 차지하려 했던 자 중에 후세 사람으로부터 진정한 존경과 사랑을 받는 자는 아무도 없다. 후세인의 존경과 사랑의 대상은 하나같이 이타적 삶을 위해 자리나 직책에 연연해하거나 집착하지 않았던 자들이다. 그것이 주님의 법칙이요, 우리는 그 법칙을 믿는 주님의 제자들이다.

5
마가의 매듭

바나바와 바울이 선교여행을 출발할 때 청년 요한을 수행원으로 대동하였음은 이미 밝힌 바 있다. 요한은 히브리식 이름으로, 그의 헬라식 이름은 마가였다. 개역성경 골로새서 4장 10절은 마가를 바나바의 생질, 즉 조카라 소개하고 있다. 그러나 우리말 '생질'로 번역된 헬라어 '아넵시오스'는 본래 사촌을 의미한다. 따라서 마가는 바나바의 사촌 동생이었다. 그들이 구브로 섬의 바보 항에서 배를 타고 소아시아 반도(현재의 터키) 밤빌리아의 버가 항에 도착하였을 때다.

> 바울과 및 동행하는 사람들이 바보에서 배 타고 밤빌리아에 있는 버가에 이르니 요한(마가)은 저희에게서 떠나 예루살렘으로 돌아가고(행 13:13).

버가에 도착하자마자 마가가 예루살렘으로 되돌아가 버리고 말았다. 어디든 윗사람을 모시고 다녀야 할 수행원으로서는 용납될 수 없는 일이었다. 이때 왜 마가가 자기 직무를 중도에 포기했는지에 대해서는 성경의 침묵으로 인해 몇 가지 가설이 있을 뿐이다. 첫째, 부잣집 외아들이었던 마가는 본래 무책임한 인간이었다는 것이다. 그래서 첫 선교팀의 수행원으로 발탁되었을 때 호기심으로 따라나서긴 했지만, 막상 여행을 시작하고 보니 예상한 것과는 달리 따분하고 고생스럽기만 해서 포기해 버렸다는 것이다. 둘째, 사촌형 바나바와 바울의 서열이 역전된 것을 마가의 입장에서는 도저히 수용할 수 없었기 때문이라는 것이다. 구브로 섬을 횡단하는 도중에 팀장이 바나바에서 바울로 바뀌었다. 사촌 형을 제쳐 놓고 바울이 사촌 형과 자신에게 매사를 지시하기 시작한 것이다. 바나바는 그 상황을 전혀 개의치 않았지만 사촌 동생인 청년 마가로서는 받아들이기 어려웠다. 구브로 섬을 떠나 소아시아 반도에 도착해서도 역전된 상황은 회복될 기미가 없었다. 결국 젊은 혈기를 이기지 못한 마가는 스스로 선교팀을 떠나 버렸다는 것이다. 셋째, 버가에 도착한 뒤 눈앞에 펼쳐져 있는 타우로스 산맥으로 인함이었다는 것이다. 버가에 도착한 바울이 다음 목적지로 정한 곳은 비시디아 안디옥이었다. 그곳에 이르기 위해서는 해발 2-3천 미터의 고봉들이 험산준령을 이루는 타우로스 산맥을 넘어야만 했다. 그 산맥을 도보로 넘는 것도 보통 일이 아니었지만 더욱이 산맥 곳곳에는 강도들이 날뛰고 있었다. 한마디로 그 산맥을 넘는 것은 목숨을 거는 것과 같았다. 이에 겁에 질린 마가가 집으로 도망가 버렸다는 것이다.

오늘날 현지를 직접 답사해 보면 세 번째 가설이 설득력이 있음을 알게 된다. 버가에서 비시디아 안디옥까지의 거리는 230킬로미터에 지나지 않는다. 그러나 산맥을 넘는 길이 얼마나 험하고 고불고불한지 자동차를 타고서도 근 4시간이 소요될 뿐 아니라 자동차 뒷자리에 앉은 사람은 거의 멀미를 할 정도다. 하물며 그 산맥을 걸어서 넘어야 했던 2천 년 전이야 오죽했겠는가? 바울이나 바나바와는 달리 소명감 없이 길을 나선 청년 마가가 타우로스 산맥 앞에서 중도 하차한 것은 충분히 있을 수 있는 일이었다. 여하튼 그 이후 바울과 바나바는 누구의 도움도 없이 비시디아 안디옥을 거쳐 더베까지 이르는 1차 선교여행을 마치고 안디옥으로 되돌아왔다. 얼마 뒤 바울과 바나바는 그들이 1차 선교여행 중 각처에 세운 교회가 어떻게 되었는지를 살펴보기 위해 2차 선교여행을 다시 떠나기로 하였다. 그런데 출발하기도 전에 문제가 발생했다.

바나바는 마가라 하는 요한도 데리고 가고자 하나 바울은 밤빌리아에서 자기들을 떠나 한가지로 일하러 가지 아니한 자를 데리고 가는 것이 옳지 않다 하여 서로 심히 다투어 피차 갈라서니 바나바는 마가를 데리고 배 타고 구브로로 가고 바울은 실라를 택한 후에 형제들에게 주의 은혜에 부탁함을 받고 떠나 수리아와 길리기아로 다녀가며 교회들을 굳게 하니라(행 15:37-41).

바나바는 이번에도 자신의 사촌 동생 마가를 수행원으로 대동하려 했지만 바울은 이에 동의하지 않았다. 1차 선교여행 당시 무책임하게 중도 하차한 마가에게 또다시 중책을 맡길 수 없다는 이유에서였다. 마가를 놓고 바울과 바나바 사이에 단순히 이견이 생긴 것이 아니었다. 서로 심히 다투었을 뿐 아니라 그것도 모자라 아예 결별해 버리고 말았다. 그들은 모두 안디옥의 매듭과 구브로의 매듭을 지닌 자들이었기에 그들의 결별은 선뜻 이해하기 어려워 보인다. 평소의 바울이나 바나바라면 누구든 자신의 의사를 먼저 철회하였을 텐데 왜 이때에는 결별하기까지 서로 고집을 부렸는가? 왜 주님께서는 당신의 귀중한 임무를 맡은 그들의 결별을 내버려 두셨는가?

바울과 갈라선 바나바는 사촌 동생 마가를 데리고 1차 선교여행의 첫 기착지였던 구브로를 향해 떠나 버렸다. 바나바가 먼저 남쪽 구브로로 내려갔으므로 바나바와 결별한 바울로서는 바나바의 뒤를 좇아갈 수는 없었다. 어쩔 수 없이 바울은 청년 실라를 수행원으로 삼아 바나바와는 정반대 방향인 북쪽으로 올라갔다. 그는 수리아와 길리기아를 거쳐 소아시아 반도에서 복음을 전하려 했지만 성령님께서 그의 앞길을 막으셨다. 오직 성령님의 인도하심을 따라 드로아에 도착했을 때다. 바울은 자신에게 도움을 청하는 마게도냐 사람의 환상을 본 뒤 즉시 배를 타고 마게도냐, 즉 지금의 그리스로 건너갔다. 아시아 대륙에서 유럽 대륙으로 건너간 것이다. 자신의 발길이 유럽 대륙에 이르리라고는 조금 전까지만 해도 상상치도 못했던, 전혀 계획에 없던 일이었다. 빌립보에서 루디아에게 세례를 줌으로 유럽 대륙 최초의 크리스천을 얻은 바울은 아덴과 고린도에서까지 복음을 전파, 그의 2차 선교여행은 소아시아 반도에 국한되었던 1차 여행에 비해 양적으로나 질적으로나 보다 큰 열매를 거두었다.

그 이후 3차 선교여행이 시작되었을 때 그의 목적지는 당연히 유럽 대륙의 그리스 반도였다. 2차 선교여행 중에 그곳에 세운 교회들을 되돌아보기 위함이었다. 3차 선교여행 도중에 바울은 자신의 생을 마지막으로 던져야 할 곳이 로마제국의 심장인 로마임을 깨달았다. 두 번씩 유럽 대륙의 그리스 반도를 찾지 않았던들 꿈꾸지도 못했을 인생 최후의 목적지였다. 그리고 마침내 바울은 인생 말년에 죄수의 신분으로 로마에 입성, 로마제국 복음화를 위한 한 알의 밀알이 되었다.

어느 날 바울은 자신의 인생을 되돌아보던 중 그 옛날 마가가 자기 인생에 중요한 역할을 하였음을 깨달았다. 만약 1차 선교여행 당시 마가가 무책임하게 중도하차하는 잘못을 범하지 않았던들, 바울은 바나바와 함께 1차 선교여행의 코스를 좇아 2차 여행을 계속했을 것이다. 그리고 그 이후의 선교여행 역시 소아시아 반도에 국한되었을 것이다. 그러나 무책임한 마가로 인해 바울은 바나바와 결별했고, 결별한 바나바와 정반대편으로 향하다 보니 유럽 대륙 그리스 반도에까지 발길이 닿게 되었고, 그리스를 두 번씩이나 찾다 보니 당시 지중해 세계의 심장인 로마를 자기 인생 최후의 목적지로 삼게 되었다. 그 모든 것이 마가의 덕분이었다. 마가의 무책임한 처신이 바울의 인생에 합력하여 선으로 귀결된 것이었다. 예전에는 마가의 그릇된 행위만을 보고 그를 버렸지만, 마가의 부적절한 처신을 통해 역사하시는 주님의 위대한 구원의 섭리를 바울이 뒤늦게나마 깨달은 것이었다. 그 사실을 확인한 이상

가만히 있을 바울이 아니었다.

> 우리에게 먹고 마실 권리가 없습니까? 우리에게는 다른 사도들
> 이나 주님의 동생들이나 게바처럼 믿는 자매인 아내를 데리고
> 다닐 권리가 없습니까? 나와 바나바에게만은 노동하지 않을 권
> 리가 없단 말입니까?(고전 9:4-6/표준새번역)

바울이 주님을 위해 자신의 권리마저 포기하였음을 강조하던 중, 바
나바가 자신과 한마음으로 일하고 있음을 밝히고 있다. 이 글은 바울이
3차 선교여행 중 에베소에서 고린도 교회로 보낸 것이다. 2차 선교여
행을 앞두고 바나바와 결별했던 바울은 이때 이미 바나바와 화해하였
음을 알 수 있다. 바울은 거기에서 멈추지 않았다.

> 나와 함께 갇혀 있는 아리스다고와 바나바의 사촌 마가가 여러
> 분에게 문안합니다(골 4:10/표준새번역).

바울은 로마의 옥중에서 기록한 골로새서를 통해 바나바의 사촌 동
생 마가가 자기 곁에 있음을 일러 주고 있다. 한때 자신이 무책임한 인
간으로 매도하고 부정했던 마가와의 관계도 회복한 것이었다.

> 또한 나의 동역자 마가, 아리스다고, 데마, 누가가 문안하느니
> 라(몬 1:24).

더욱이 바울은 함께 옥에 갇혀 있는 마가를 자신의 동역자라 불렀다. 나이, 경력, 인품 등 어느 모로 보나 젊은 마가는 바울과 같은 반열에 설수 없는 자였다. 그러나 바울은 그와 화해하는 것으로 그치지 않고 아예 자신의 동역자로 삼았다. 그뿐만이 아니었다.

> 누가만 나와 함께 있느니라 네가 올 때에 마가를 데리고 오라 저가 나의 일에 유익하니라(딤후 4:11).

디모데후서는 순교 직전의 바울이 디모데에게 보낸 편지다. 다시 말해 사도 바울이 임박한 자신의 죽음을 내다보며 이 땅에 남긴 마지막 서신이다. 그 최후의 서신을 통해 바울이 살아생전 마지막으로 만나 보기 원했던 사람은 다름 아닌 마가였다. 얼마나 마가를 사랑하고 신뢰했으면, 죽기 직전의 바울이 마가를 가리켜 자신의 일에 유익한 자라 표현했겠는가? 마가로 인해 바나바와 결별할 때라면 상상치도 못할 일이었다.

이것은 인간에 대한 관점이 자기중심에서 하나님 중심으로 바뀌었기에 가능하였다. 자기중심의 관점으로 볼 때 1차 선교여행 시 무책임하게 중도 하차한 마가는 전혀 쓸모없는 인간이었고, 그런 인간과 동역한다는 것은 시간 낭비일 뿐이었다. 그러나 하나님 중심의 관점으로 되돌아보았을 때 마가야말로 바울의 인생행로를 새롭게 열어 준 주님의 귀한 도구요, 은혜였다. 그 사실을 깨달은 바울이 마가를 죽을 때까지 자신의 동역자로 사랑하고 신뢰한 것은 너무나도 당연한 결과였다. 만약 바울이 이처럼 마가와의 관계를 회복하는 마가의 매듭을 맺지 않았던들, 바울은 오늘날 성경이 전해 주는 것과 같은 위대한 사랑의 사도가 될 수는 없었을 것이다.

그렇다면 바울이 마가의 매듭을 맺은 결과 마가의 인생은 어떻게 달라졌는가? 다음은 사도 베드로의 말이다.

> 함께 택하심을 받은 바벨론에 있는 교회가 너희에게 문안하고 내 아들 마가도 그리하느니라(벧전 5:13).

베드로는 자신의 서신을 통해 마가를 '내 아들'이라 부르고 있다. 바울의 동역자였던 마가는 바울이 순교한 뒤 베드로를 도왔다. 무식한 어부 출신인지라 헬라어나 라틴어를 할 줄 몰랐던 베드로의 통역을 담당했다. 베드로전·후서 역시 베드로를 위해 마가가 대필한 것으로 알려지고 있다. 베드로에게 마가가 얼마나 중요한 존재였었는지는 베드로가 그를 가리켜 '내 아들'이라 부르는 것으로 잘 나타나 있다. 그뿐만이 아니다. 마가는 4복음서 중의 마가복음을 기술하였다. 한마디로 마가는 초대 교회에서 없어서는 안 될 중요 인물이 되었다. 바울이 계속 그를 외면한 채 중용(重用)하지 않았다면 생각하기조차 어려운 일이었다. 그러나 바울이 하나님의 관점에서 마가를 재평가하고 믿음으로 마가의 매듭을 맺었을 때 마가를 통해 이루어진 주님의 섭리는 상상을 불허할 정도였다. 마가의 매듭이 중요한 까닭이 여기에 있다.

우리 각자에게도 지난 세월 동안 여러 의미의 마가가 있었을 것이다.

엄청난 경제적 손실을 끼친 마가가 있었을 수 있고, 심각하게 명예를 해친 마가와 호의를 배신으로 갚은 인면수심의 마가도 있었을 수 있다. 그로 인해 아직 밤잠을 설치고 배신감에 치를 떨고 있을 수도 있다. 그러나 그 마가를 평하는 관점을 자기중심으로부터 하나님 중심으로 바꾸어 보자. 마가가 끼친 막대한 경제적 손실로 인해 도리어 하나님과 더 가까워진 것은 아닌가? 마가가 나의 명예와 자존심을 짓밟았기에 하나님을 향한 나의 영성이 더욱 깊어지지는 않았는가? 그의 배신이 나로 하여금 이 세상에서 오직 신뢰할 분은 하나님 한 분뿐이심을 더 깊이 깨닫게 해 준 것은 아닌가?

그렇다면 이제 마가의 매듭을 맺어야 한다. 그는 내 신앙의 성숙을 위해 하나님께서 사용하신 도구였다. 주저치 말고 그와 화해하며 그와의 관계를 회복해야 한다. 그때 그와의 관계 속에서 상상치도 못했던 주님의 섭리가 펼쳐질 것이다. 하나님께서는 언제나 사람의 만남을 통해서 역사하신다. 하나님의 관점에서는 무의미한 만남, 하찮은 사람이 없다. 마가의 매듭은 마가를 위하기 이전에 진정한 크리스천으로 살아가려는 나 자신을 위한 매듭이다.

6
마리아의 매듭

앞에서 살펴본 것처럼 마가는 성경 인물 중 대단히 독특한 사람이다. 그는 초대 교회 양대 지도자였던 바울과 베드로 모두로부터 깊은 신임을 받았다. 바울은 그를 동역자라 불렀고 베드로는 아들로 칭했다. 바울과 베드로로부터 이런 파격적인 대접을 받은 사람은 마가가 유일하다. 더욱이 그는 마가복음의 기록자였다. 주전 1천4백 년 경 모세가 창세기를 기록한 이래 주후 1세기 말 요한에 의해 계시록 기록이 완료되기까지 성경이 완성되는 데는 무려 1천5백 년이 소요되었다. 그 장구한 기간 동안 성경 기록에 동원된 사람은 겨우 40여 명밖에 되지 않는다. 그들은 인류 역사상 하나님의 말씀을 위해 특별히 선택된 사람들이었다. 그러나 마가는 모세나 여호수아와 같은 걸출한 지도자가 아니었다. 이사야나 예레미야처럼 위대한 선지자였던 것도 아니다. 베드로나 마태와 같이 주님의 직계 제자도 아니었고, 바울처럼 주님의 특별한 목적을 위해 부름받은 석학도 아니었다. 이미 우리가 알고 있는 것처럼 젊은 시절 그는 한때 오히려 무책임한 인간이었다. 그런데도 그는 하나님의 말씀을 기록하는 40여 명 중의 한 명으로 하나님의 부르심을 받는 은총을 입었다. 그렇다면 우리는 마가와 관련하여 보다 구체적인 사항을 알아볼 필요가 있다.

사도행전 12장은 베드로의 투옥 및 구출 사건을 전해 주고 있다. 유대인의 환심을 사기 위해 교회를 핍박기로 결심한 헤롯 아그립바 1세는 사도 야고보를 참수형에 처한 뒤 베드로마저 투옥시켜 버렸다. 그러나 베드로를 처형하기 전날 밤 주님께서 옥중의 베드로를 구해 내셨다. 감옥을 벗어난 베드로는 지체 없이 평소 교인들이 예배와 기도의 처소로 사용하던 집으로 갔다. 사도행전 12장 12절은 그 집을 다음과 같이 소개하고 있다.

> 마가라 하는 요한의 어머니 마리아의 집에 가니 여러 사람이 모여 기도하더라.

그 집은 마가의 어머니인 마리아의 소유로, 성경이 유일하게 어머니와 아들의 이름으로 소개한 집이다. 이로 미루어 마가의 어머니는 남편을 여읜 과부였음을 알 수 있다. 그 집은 하인을 둘 만큼 경제적으로 넉넉하였을 뿐 아니라, 많은 사람들이 동시에 모여 예배드리거나 기도회를 가질 수 있는 규모의 대저택이었다. 이 정도로 경제적 여유를 지닌 집주인이라면, 평상시라면 모르되 이때만은 자기 집을 예배나 기도 처소로 내어놓으면 안 된다. 헤롯 아그립바 왕이 예수 믿는 자들을 박해하기로 획책, 이미 행동을 개시했기 때문이다. 부자란 다른 사람에 비해 상대적으로 지킬 것이 많은 자다. 대저택의 주인인 부유한 마리아 역시 자신의 재산을 지키기 위해 몸을 사려야만 했다. 그러나 마리아는 조금도 개의치 않고 자신의 집을 기도처로 제공하였다. 이것은 비단 이때만의 일이 아니었다.

십자가에 못 박혀 돌아가시기 전 주님께서 제자들과 가지셨던 '최후의 만찬' 장소가 흔히 '마가의 다락방'이라 불리는 바로 이 집이었다. 최후의 만찬이 끝난 다음 주님에 의해 최초의 성찬식이 거행된 곳도 이 집이요, 주님께서 제자들에게 마지막 유훈의 말씀을 남기신 곳도 이 집이요, 부활하신 주님께서 두려움에 떨고 있는 제자들을 찾아오셔서 당신을 보여 주신 곳도 이 집이요, 주님께서 승천하신 뒤 제자들을 포함하여 120여 명의 성도들이 기도하던 곳도 이 집이요, 오순절에 성령님께서 강림하셨던 곳 역시 이 집이었다.

베드로를 죽이려 했던 헤롯 아그립바 왕의 재위 기간은 주후 41년부터 44년까지 3년간이었다. 따라서 사도행전 12장의 증언은 주님께서 부활 승천하신 지 10여 년이 지난 이야기임을 알 수 있다. 이를테면 10여 년이 지났음에도 주님을 향한 마리아의 신앙심은 조금도 흔들림이 없었다. 주님을 믿는 자에 대한 헤롯 아그립바의 박해가 이미 시작되었음에도, 자신의 집을 변함없이 주님을 위해 내어놓을 정도로 그녀의 신심은 요지부동이었다.

이 정도의 신심을 지닌 어머니라면 자신의 아들 마가를 위해 얼마나 기도했을는지는 짐작이 가고도 남는다. 특히 마리아가 과부요 마가가 외아들이었음을 감안하면, 마리아에게 마가보다 더 큰 기도 제목은 없었을 것이다. 그 마가가 안디옥 교회의 두 지도자인 조카 바나바(바나바와 마가가 사촌지간이라면 바나바는 마리아의 조카가 된다)와 바울의 수행원으로 최초의 선교여행에 동참하게 되었을 때 마리아의 기쁨이 얼마나 컸을까? 믿음의 어머니에게 자신의 아들이 주님의 쓰임을 받는다는 것보다 더 큰 기쁨이 어디에 있겠는가? 그러나 그 아들이 중도에서 수행원의 사명을 내팽개치고 무책임하게 되돌아와 버렸을 때, 더욱이 그로 인해 두 지도자인 바나바와 바울이 끝내 결별했을 때, 그 상황을 지켜보아야 하는 마리아의 심정이 얼마나 괴롭고 처참했겠는가? 세월이 흐른 뒤 이미 초대 교회 최고의 지도자 반열에 오른 바울이 마가를 불러 동역자로 삼아 주었을 때, 또 다른 최고의 지도자인 베드로의 양아들로 활동하게 되었을 때, 나아가 복음서의 기술자로 주님의 선택을 받았을 때, 자기 아들을 향한 주님의 신비로운 섭리 앞에서 얼마나 감격했겠는가? 그녀가 흘렸을 감사의 눈물은 또 얼마나 많았겠는가?

　마리아와 마가, 우리가 이 모자지간으로부터 얻을 수 있는 교훈은 첫째 부모는 어떤 경우에도 자식을 믿어야 한다는 것이요, 둘째 부모는 자식에게 항상 믿음의 본이어야 한다는 것이다. 내 자식이 한때 어긋나고 비뚤어지는 것 같아도 부모인 내가 자식 앞에서 믿음의 본으로 바로 서 있는 한, 주님께서 나를 통로로 삼아 내 자식을 반드시 바로 세워 주실 것을 믿어야 한다. 생각해 보라. 나같이 형편없는 죄인도 주님께서 바로 세워 주셨다면, 나보다 이 세상을 덜 살았기에 나에 비해 그 심령의 때가 분명히 덜할 내 자식을 왜 하나님께서 바로잡아 주시지 않겠는가? 결국 아들 마가에 대한 마리아의 믿음과, 그 아들 앞에서 변함없는 믿음의 본으로 살았던 마리아의 삶이 우리가 아는 바대로의 마가를 가능케 하였음을 알 수 있다. 만약 마리아가 자신을 실망시킨 마가에 대한 기대를 접어 버렸다면, 혹은 외아들의 형편없는 삶에 절망한 마리아가 자기 좋은 식으로만 살았더라면 마가의 인생은 다르게 전개되었을 것이다. 가정의 중요성은 가정이 믿음의 시발점이라는 데 있다. 주님을 믿기에 주님에 의해 새로워질 부모와 자식 그리고 형제를 믿으며 각자 믿음의 본을 서로 보여 주는 곳이 가정이다. 그 믿음 속에서 가정은 사랑과 소망의 보금자리로 일구어지는 것이다. 이런 의미에서 초대 교회의 중요 인물이었던 마가보다는, 주님을 믿기에 주님 안에서 끝까지 마가를 믿으며 믿음의 본으로 살았던 어머니 마리아가 더 위대하다.

　마리아가 이렇듯 훌륭한 믿음의 어머니였던 데 반해 마가의 아버지는 자식의 신앙을 위해 아무것도 한 일이 없었는가? 마가는 어머니의 믿음만으로 우리가 아는 마가가 될 수 있었는가? 그렇지 않다. 마가가 마가복음을 기술하면서 자신의 아버지에 대해 언급한 부분이 있다. 주님께서 제자들과 함께 마지막 유월절을 맞으시기 위해 예루살렘에 입성하셨을 때다. 유월절 만찬을 어디에서 가질 것인지를 묻는 제자들의 질문에 대한 주님의 답변과 관련하여 마가는 다음과 같이 기술하였다.

예수께서 제자 중에 둘을 보내시며 가라사대 성내로 들어가라 그리하면 물 한 동이를 가지고 가는 사람을 만나리니 그를 따라 가서 어디든지 그의 들어가는 그 집주인에게 이르되 선생님의 말씀이 내가 내 제자들과 함께 유월절을 먹을 나의 객실이 어디 있느뇨 하시더라 하라 그리하면 자리를 베풀고 예비된 큰 다락 방을 보이리니 거기서 우리를 위하여 예비하라 하신대 제자들 이 나가 성내로 들어가서 예수의 하시던 말씀대로 만나 유월절 을 예비하니라(막 14:13-16).

주님께서는 두 제자에게 성내에서 물동이를 멘 사람이 들어가는 집 으로 따라가, 그 '집주인'에게 유월절 만찬을 위한 방을 요구하라고 하셨다. 제자들은 주님의 말씀대로 하였고, '집주인'은 주님을 위해 기꺼이 자기 집 다락방을 내어놓았다. '다락방'으로 번역된 '아노게 온'은 본래 '2층'의 의미로, 우리가 흔히 '마가의 다락방'이라 부르는 곳이다. 즉, 제자들이 주님의 말씀을 좇아 찾아간 집은 마가의 집이었 다. 그런데 마가는 본문을 기술하면서 자기 집을 주님께 기꺼이 내어 드린 '집주인'을 '오이코데스포테스'란 단어로 표현하였다. 이 단어 는 성인 가장인 남자를 일컫는 단어다. 그 집을 최초로 주님께 내어드 린 자는 마가의 어머니도, 당시 어린아이였을 마가도 아니었다. 그 성 인 남자는 그 집의 가장, 즉 마가의 아버지였음을 마가 스스로 밝힌 것이다.

이를테면 마가의 아버지는 주님을 위해 자기 소유를 아끼지 않을 정도로 주님께 헌신된 믿음의 본이었다. 하나님께서는 당신의 필요를 위해 그를 먼저 하나님나라로 부르셨다. 그 이후엔 홀로 남은 그의 아내 마리아가 남편의 신앙을 본받아 자신이 상속받은 집을 계속하여 예배와 기도 처소로 제공하였다. 마가는 그런 부모의 자식이었다. 마가의 부모가 요동치 않는 신앙의 구심력을 지니고 있을 때, 한때 어긋나는 듯했던 마가의 신앙은 본래의 구심점으로 되돌아왔다. 부모 믿음의 구심력 속에서 마가의 생이 바르게 펼쳐졌다면, 초대 교회의 중요 인물이 된 마가의 인생은 부모가 지녔던 믿음의 완결편인 셈이었다. 마가의 어머니도 위대했고, 모범적인 신앙의 가장으로 믿음의 본과 유산을 물려준 마가의 아버지 또한 위대한 크리스천이었다.

요즈음은 하루가 다르게 급변하는 세상이다 보니 부모가 자식을 이해하기 힘든 경우가 허다하다. 이럴 때일수록 부모들은 마리아의 매듭을 맺어야 한다. 어떤 경우에도 끝까지 자식을 믿으며 스스로 믿음의 본, 구심점이 되는 것이다. 동일한 내용의 말이라도 자식을 믿을 때와 믿지 않을 때, 스스로 신앙의 본으로 살아갈 때와 아닐 때의 표현 방식과 전해지는 감정이 같을 리 없다. 자식을 믿지도, 신앙의 본이 되지도 않는 부모의 말은 자식과의 거리를 더욱 멀게 만들지만, 자식을 신뢰하고 신앙의 본이 되는 부모의 언행은 자식을 바로 세우는 신앙의 구심력을 이룬다. 그 구심력의 토대가 바로 마리아의 매듭이다.

내가 잘 아는 50대의 아버지와 20대의 아들이 있다. 아버지는 아버지대로 사회에서 성공적인 삶을 살아온 훌륭한 인품의 소유자고, 대학을 졸업하고 군 복무 중인 아들은 아들대로 생각과 행동이 반듯한 촉망

받는 젊은이다. 문제는 그토록 훌륭한 아버지와 이상적인 아들임에도,
막상 부자간에는 전혀 대화가 되지 않는다는 것이었다. 서로 다른 사람
들과는 곧잘 어울리면서도 부자지간은 항상 물과 기름 같았다. 아버지
의 시도로 대화가 시작되어도 이내 언성을 높이는 부딪침으로 끝나 버
리곤 했다. 결국 한집에 살면서도 모두 입을 봉하고 살았다. 말을 꺼내
면 으레 뒤끝이 좋지 않음을 서로 알기 때문이었다. 그런 상황 속에서
아버지의 마음이 편할 리 없었다. 어느 날 나를 찾은 그는 어떻게 하면
크리스천 아버지로서 아들과 대화 소통이 가능할 수 있겠는지를 물었
다. 그리고 모태신앙으로 태어났으면서도 나이가 들어서야 주님을 인
격적으로 영접한 그는, 그동안 자신의 삶이 아들에게 믿음의 본이 되지
못했음도 솔직하게 털어놓았다. 나는 그에게 워치만 니의 이야기를 들
려주었다.

　워치만 니(Watchman Nee)는 중국이 낳은 신앙 지도자다. 워치만 니
의 가르침은 그의 동역자였던 위트니스 리(Witness Lee)에 의해 교리화
되었는데 그 내용이 정통 교리와 어긋나는 부분이 있어 이단시되고 있
지만, 워치만 니가 동양인으로 서구 백인의 심령에 신앙의 불길을 댕긴
공로만은 누구도 부인하지 못할 것이다. 워치만 니가 복음에 사로잡혀
살게 된 동기가 있다. 그의 어머니는 가사를 돌보기보다는 집 밖에서
친구들과 어울리기를 더 좋아한 탓에 그 삶이 반듯할 수 없었다. 그 어
머니가 어느 날 주님을 영접하였다. 주님 안에서 되돌아보니 자신의 지
난 생애가 자식에게 본이 되기는커녕 도리어 자식의 삶에 심각할 정도
의 부정적 영향만을 미쳐 왔음을 깨달았다. 그는 아들 워치만 니를 불

러 그에게 머리를 조아리고, 이제껏 너를 잘못 키워 온 엄마를 용서해 달라고 사과하였다. 하나님과 자식 앞에서 자신의 잘못을 회개한 것이었다. 그것은 당시 18세였던 워치만 니에게는 크나큰 충격이었다. 유교가 지배하는 중국 사회에서 절대적 존재로 자식들의 추앙을 받는 부모가 자식에게 자신의 잘못을 시인하는 것은 결코 상상할 수조차 없는 일이거늘, 심지어 어머니가 자식인 자기 앞에서 머리를 조아리고 용서를 구하는 것이 아닌가? 대체 예수가 누구기에 내 어머니로 하여금 나에게 사과하게 하는가? 그것은 불가사의한 일일 수밖에 없었다. 그 일을 기점으로 워치만 니 역시 자신의 어머니를 굴복시킨 주님께 굴복하는 삶을 살았다. 어머니가 자신의 잘못을 깨닫고 자식에게 사과하는 순간 주님께서 자식의 마음을 감동시켜 주신 것이었다.

나는 나를 찾아온 아버지에게 이 이야기를 들려주면서, 그동안 아버지로서 그릇 살아온 자신의 삶을 아들에게 먼저 사과할 것을 권했다. 믿음의 부모라면 자식을 끝까지 믿어야 하고, 그 믿음의 출발점은 자식에 대한 사과로 이루어져야 한다. 많은 부모들이 자기 욕망과 이기심으로 자신의 생을 망치는 것은 말할 것도 없고, 그로 인해 자식의 심령에 심각한 상처를 입히는 경우가 허다하다. 자신도 모르게 부모의 피해자로 전락한 자식들은 성장하면서 부모와 스스로 단절의 벽을 쌓는다. 그 벽은 부모가 홀로 주님께 회개하는 것만으로는 무너지지 않는다. 정녕 자신의 잘못을 깨닫는 부모라면 자식에게도 용서를 구해야 한다. 그때 부모의 사과를 통로로 주님의 사랑과 생명이 자식에게 흘러들어가 닫혔던 자식의 마음이 열리게 된다. 그러므로 자식에 대한 부모의 사과는, 주님과 자식을 동시에 믿는 자만 행할 수 있는 진정한 믿음의 행위다. 이것이 나를 찾아온 아버지에게 먼저 아들에 대한 사과를 권한 이유였다. 말로 사과하려다 아들과 잘못 부딪칠 경우 오히려 역효과가 날 수도 있기에, 말보다는 글로 사과의 편지를 전하는 편이 나을 것임도 일러 주었다. 감사하게도 그 아버지는 나의 권유를 받아들여 아들의 생일을 맞아 아들에게 사과의 편지를 썼다. 그 내용을 당사자의 허락을 받아 여기에 옮긴다.

생일을 축하한다. 네가 건강히 27번째 생일 맞은 것을 축하하며, 우리 다같이 하나님께 감사하자.

나는 네가 자랑스럽다. 객지에서 많은 어려움과 나쁜 유혹을 모두 물리치고 당당하게 대학을 졸업하여 정말 자랑스럽다. 참으로 고생 많았다.

난 네가 고맙다. 할아버지 유언대로 교회도 다니고 어머니와 같이 봉사도 하고, 할머니께 자상하게 하는 것이 정말 고맙다.

그러나 아들아, 네게 사과할 것이 있다. 도둑들도 자기 아들에게는 도둑질하지 말라고 하는 법이다. 또 게도 옆으로 걸으면서 새끼보고는 바로 걸어라 한다는 말도 있단다. 자기는 잘못해도 자식은 잘하기를 바라기 때문이다. 나도 처음 맞이하는 인생이기에, 또 처음 해 보는 부부 생활과 부모 노릇이었기에, 많은 실수도 있었고 좋지 않은 면을 너에게 많이 보여 주기도 했다.

모든 부모가 다 그렇듯이, 딸은 시집이나 잘 보내면 된다고 적당히 키우고, 둘째부터는 첫째를 키운 지식과 경험이 있고 맏아들보다 덜 기대하므로 관대하게 키운다. 그러나 너는 첫아들이므로 기대와 사랑은 컸지만, 경험과 지식 부족 그리고 미숙 등으로 부모가 실수한 것도 많았다.

사랑하는 큰아들아,

이제 아빠 엄마가 네게 잘못한 것, 상처 준 것을 모두 용서해 주길 바란다.

얼마 전, 업계 사장단 모임이 있었다. 모두 다 나보다 6-12세 연상이었다. 그날 '왜 손자·손녀는 자식보다 더 예쁘냐?'는 것이 화제가 되었다. 결론은, 부모와 자식은 서로 상대적인 기대감을 가지고 있는 반면 할아버지·할머니의 경우에는 손자·손녀를 일방적으로 사랑하기 때문이라는 것이었다. 부모는 자식이 잘되기를 바라고, 자식은 부모가 자기는 잘못하면서 자식에겐 완전한 것을 요구하고, 다른 부모보다 자신에게 늘 못해 주는 것 같다는 것이다. 그러나 할아버지·할머니는 손자·손녀에게 맛있는 것과 선물을 사 주면서 싫은 소리는 하지도 않고, 게다가 아무것도 기대하지 않는다는 것이다.

아들아, 정말 미안하다. 그리고 기대하고 또 믿는다.

너는 건강한 몸과 좋은 성격에 절제심도 있고 좋은 공부도 하였으니, 제대 후 훌륭한 사회인이 될 것이다. 이제 앞으로 결혼도 하고 자식도 키우게 되겠지. 아빠·엄마보다 훌륭한 부모가 되어 훌륭하게 자식을 키우거라. 네가 형이니까 동생도 잘 보살펴

주기 바란다.

우리는 기대하고 또 믿는다.

우리 한 번밖에 없는 인생을 하나님의 뜻 안에서 멋지게 살아가자. 다시 한 번 너의 생일을 축하한다.

아버지는 하나님과 아들을 믿기에 자신의 잘못에 대해 솔직하게 아들의 용서를 구했다. 믿음으로 마리아의 매듭을 맺은 것이다. 그의 믿음대로, 주님께서는 아버지의 사과 편지를 읽는 아들의 마음을 어루만져 주셨다. 아버지와 아들 사이에 대화가 소통되기 시작했고, 신뢰의 관계가 회복되었다. 얼마 전 아버지를 만났을 때 아들과의 관계가 요즈음은 어떤지 물어보았다. 사과 편지 이후로 아들과의 대화에 문제가 없는 것은 말할 것도 없고, 이젠 인생에 대한 깊은 대화까지 가능해졌다며 하나님께 감사드렸다. 아버지가 믿음으로 맺은 마리아의 매듭 위에서 아버지와 아들의 인생이, 그들의 관계가 새롭게 펼쳐진 것이다.

크리스천 가정임에도 부모·자식 간의 대화가 단절된 가정이 부지기수다. 자식의 문제는 실은 신앙의 본이 되지 못했던 부모 자신의 문제임을 알지 않는가? 좋은 자식은 절로 되는 것이 아니라 좋은 부모에 의해 만들어지는 것임을 모르지 않지 않는가? 세상의 모든 문제가 결국은 가정 문제에서 비롯됨도 잘 알고 있지 않는가? 그렇다면 이 땅의 부모들은 끝까지 하나님과 자식을 믿으면서 자신이 먼저 믿음의 본이 되는 마리아의 매듭을 맺어야 한다. 그 매듭 위에서 하나님에 의해 새롭게 전개될 자신과 자식의 미래, 가족간의 새로운 관계, 그리고 새로워진 자신의 가정으로 인한 이 사회 한 부분의 정화는 생각하는 것만으로도 가슴 설렌다. 크리스천 됨의 참된 희열과 감격이 여기에 있다.

책을 닫으며

주님!

우리의 나이에 상관없이,

달력의 교체만으로는 새해가 오지 않음을

우리는 이미 경험을 통해 알고 있습니다.

주님을 믿는 크리스천답게 살기 위해,

우리가 이 땅에서 맺어야 할 매듭이 무엇인지

깊이 곱씹어 볼 기회를 주셨음을 감사드립니다.

사생의 매듭을 맺음으로,

공동묘지처럼 허망한 에노스의 삶에서 탈피하여

새로운 피조물로 살아가는 환희를 누리게 하옵소서.

수준의 매듭을 통하여,

주님께서 주신 새로운 신분을 욕되게 하지 않으며

자기 수준을 구현하는 삶의 긍지를 알게 하옵소서.

경영의 매듭을 굳건히 함으로,

X의 삶을 구축하기 위해 날마다 행하는 나의 일로

내가 X이신 주님의 제자임이 드러나게 하옵소서.

인생의 매듭으로 인해,

그 어떤 인생비바람에도 흔들림 없이

이 어둔 세상을 밝히고 맑히는 빛과 소금,

이 시대의 참된 믿음의 본으로 살아가게 하옵소서.

그 매듭들 위에 펼쳐질 나의 생이,

주님 안에서 진정 새날, 새해로 엮어지게 하옵소서.

아멘.

매듭짓기
Making Knots

지은이 이재철
펴낸곳 주식회사 홍성사
펴낸이 정애주
국효숙 김의연 김준표 박혜란 손상범
송민규 오민택 임영주 차길환

2005. 5. 20. 초판 발행   2023. 10. 16. 31쇄 발행

등록번호 제1-499호 1977. 8. 1.
주소 (04084) 서울시 마포구 양화진4길 3   전화 02) 333-5161   팩스 02) 333-5165
홈페이지 hongsungsa.com   이메일 hsbooks@hongsungsa.com
페이스북 facebook.com/hongsungsa
양화진책방 02) 333-5161

ISBN 978-89-365-0223-2 (03230)